ハルビン学院の人びと

百年目の回顧

飯島一孝 著

EURASIA LIBRARY

ユーラシア文庫
16

目次

正　誤　表

（45、48、49 ページ）

【誤】　大心地

【正】　**大心池**

（以上、訂正してお詫びいたします。）

ハルビン学院の人びと

——百年目の回顧——

はじめに

十九世紀後半のアジアの地図を見ると、北方にロシア帝国、真ん中に清帝国（現・中国）が広がっている。ロシアの首都モスクワと極東のウラジオストクを東西に結ぶ幹線がシベリア鉄道だ。全長は九二九七キロあり、文字通り世界一長い鉄道だ。この鉄道のチタとウラジオストクをつなぐ東清鉄道の中間点にハルビンがある。ロシアが満州進出の拠点として発展させた街である。

ハルビンは漢字では哈爾濱と書き、ハルビンと読むのが一般的だが、日本ではハルピンと呼ばれることも少なくない。現在、中国東北部にある黒竜江省の省都となっているが、当時、この地域は満州と呼ばれ、ロシア、中国、日本の三カ国が権益を競っていた。ハルビン学院は、ハルビンの郊外に一九二〇年（大正九年）九月、ロシア専門家養成の専門学校「日露協会学校」として創設された。この学校を異郷の地につくったのは、満鉄（南満洲鉄道株式会社）の初代総裁だった後藤新平だ。満鉄は、日露戦争（一九〇四〜〇五年）で勝利した日本が、ポーツマス講和条約により、ロシアから譲渡されたシベリア鉄道の南満州支線（長春－大連間）と、付属地の炭鉱や製鉄所の経営会社である。後藤は世界的な視野を持つ政治家で、ユーラシアの大国として力をつけてきたロシアと共存する道を探るため、ハルビン学院をつくった。

その後、ロシア帝国は一九一七年、レーニンを指導者とするボリシェビキに敗れ、ソビエト社会主義共和国連邦（ソ連）に変わった。一方、日本は関東軍の主導により一九三二年に満州国を建国、「日露協会学校」は「哈爾濱学院」と改称し、一九四〇年には満州国立大学に格上げされた。満州国は多民族の共存を目指す「五族協和」を建国の理念に掲げたが、中国などの強い反発を買った。第二次大戦で日本は連合国に敗れ、満州国はソ連軍に進攻されて崩壊した。ハルビン学院も満洲国崩壊とともに閉校となった。軍隊に駆り出された卒業生の多くがソ連から「対ソ・スパイ」とみなされてソ連軍の捕虜となり、シベリアなどに長期抑留された。日本の民族共存策は幻に終わった。

戦後、無事帰国できた卒業生たちは官庁、商社、新聞社など、ロシア語を活かせる道を探して働いた。だが、米国占領下の日本では、ハルビン学院卒業生は「親ソ派」とみられ、職探しに苦労したという。一九五六年の日ソ国交回復後、貿易拡大の流れに乗って商社や水産・漁業関連企業に就職できた卒業生も少なくない。著名な卒業生には、ロシア文学者の工藤精一郎や内藤操（内村剛介）がいる。彼らは毎年、同窓会を開いて交流を温めていたが、卒業生は年々減るばかり。そこで一九九九年に同窓会を解散し年一回、記念碑祭を開いて交流を続けてきた。

ハルビン学院は二〇二〇年九月、開校百年を迎える（本書では設立時の日露協会学校と改称後の哈爾濱学院を通してハルビン学院と記す）。この間、世界のグローバル化が進み、誰でも諸外国を自由に行き来できるようになってきた。日本の現状を見ると、訪日外国人は年々増え続け、二〇一八年には初めて三千万人台となった。海外へ出かける日本人の数を大きく上回っていて、外国人に接する機会が増えている。こうした時代にこそ、多民族との共同生活を体験した学院卒業生の知恵が活かされるのではないだろうか。この機会に、われわれの先輩たちが残した遺産について考えてみたい。

（文中のハルビン学院の教職員、卒業生らの名前は敬称略とする）

第1章　ハルビン学院ができたころ

ハルビン学院開校

ハルビン学院は、日本の政財官界により設立された「日露協会」が、東京・内幸町に開設した「露語講習所」に端を発している。その後、ロシア語とロシア事情の専門家を育成する目的で、ハルビン学院設立の動きが本格化。一九一九年（大正八年）一月、創立準備委員会が結成された。委員長には日露協会会頭の後藤新平、顧問にのちの首相・犬養毅、委員に外務省出身の川上俊彦・満鉄理事、田中清次郎・満鉄理事、倉成鉄吉・外務省参事官、志村源太郎・日本勧業銀行総裁らが任命された。後藤新平は初代満鉄総裁、犬養毅は「憲政の神様」と言われた大物政治家で、当時の政財官界のそうそうたるメンバーで構成されていた。

この背景には、日露戦争で日本が勝利したものの、満州でのロシアの存在感が高まり、ロシアとどう向き合うのかが日本にとって大きな問題になっていたことがある。こうした中で、講和後の日露関係の改善を模索していたのは後藤新平だった。

ハルビン学院設立を主導した後藤とは、どんな人物なのだろうか。彼の経歴をざっと見てみよう。

後藤新平（一八五七～一九二九）は江戸時代末期の一八五七年（安政四年）、仙台藩水沢城下（現・岩手県奥州市）で武家の長男として生まれた。十三歳で書生として県庁に勤務。十五歳で上京し、須賀川医学校に入学した。愛知県へ行き、愛知県医学校（現・名古屋大学医学部）の医者になった。

一八九〇年（明治二三年）、ドイツに留学。帰国後の一八九二年、内務省衛生局長に就任した。その後、旧藩主のお家騒動に巻き込まれ、局長職を失脚したが、元上司だった陸軍省医務局長の推薦で児玉源太郎・陸軍次官と知り合い、官界に復帰した。

一八九八年（明治三一年）三月、その児玉が台湾総督になると、後藤は補佐役の民政局長に抜擢され、台湾の近代化に貢献した。

後藤はロシアに早くから関心を示し、日露戦争の最中に満州へ行き、講和後の日露関係の改善を模索していた。そして、満州の経営にとって南満州鉄道が重要であることに気付き、台湾の総督と陸軍参謀次長を兼任していた児玉源太郎に伝えていた。

日露戦争で勝利した日本は、ロシアと結んだポーツマス条約（一九〇五年）によって得た南満州鉄道を基盤に、満州経営に乗り出すことになった。そして、責任者である満州経営委員会委員長に就任したのが児玉だった。児玉は後藤を満鉄の初代総裁に据えようとしたが、なかなか承諾しなかった。ところが、児玉が後藤に就任要請をした翌日、急死したことから、就任を決断した。一九〇六年十一月、満鉄総裁に就任したものの、後藤は二年で辞め、内相、外相を歴任した。一九二〇年、東京市長に就任、腐敗した市政の改革案を提案するが、支援者の暗殺により断念した。市長在任中の一九二三年、ソ連極東代表ヨッフェを招待し、日ソ国交回復に尽力した。同年の関東大震災直後、内相兼帝都復興院総裁になり、東京復興三十億円計画を立案したが、世論の理解が得られず、計画を縮小せざるを得なかった。その後、拓殖大学総長、東京放送局初代総裁を歴任した。一九二九年、京都で死去、享年七一だった。

一方、後藤が会頭に就任した「日露協会」は一九〇六年四月、日露戦争のため悪化した日露両国民の感情を融和し、合わせて相互の親睦を図る目的で創立された。後藤が寺内正毅（一九一六～一八年、首相）とともに一九一一年、同協会に加入し、副会頭に就任してから活動が活発化した。さらに一九一二年、閑院宮戴仁殿下が日露協会総裁に就任、活動の基礎が固まった。

日露協会の主な事業は、①ロシアの経済・文化の紹介、②日露両国間の経済・貿易を発展させるための支援、③来日ロシア人の視察・観光支援、商工用品の紹介、来日ロシア人の旅行あっせん、④ハルビンに商品陳列館及び日露協会学校を開設・経営など。その後、ロシアで社会主義革命が起き、ロシアと日本との関係が緊迫するなか、後藤は、ロシア語を理解しソ連事情に通じている人が極めて少ないことを心配していた。そして一九二〇年二月、日露協会会頭に就任後、自ら創立委員長になり、専門学校の設立に動いたのである。

ハルビン学院創立の立役者が後藤なら、影の原動力になったのは、初代校長に就任した井田孝平だった。井田は一九〇一年（明治三四年）、東京外国語学校（現・東京外国語大学）を卒業後、陸軍大学ロシア語科教授に就任。日露戦争後の一九一〇年、同教授を辞任し、満鉄調査部に入社した。その後、満鉄の中村雄次郎総裁からロシアへの留学を命じられた。

ロシアは日露戦争後、第一次大戦に参戦したが、労働者を中心に反戦運動が激化し、革命直前の状況になっていた。この情勢をつぶさに目撃した井田は、ロシアに対し和戦両用の準備をすべきだと痛感し、ロシア語を理解する人材養成を急ごうと決意した。

ちょうどこの時期に、外務省で在ハルビン総領事を務めた川上俊彦・満鉄理事が一九一七年（大正六年）七月、二月革命直後のロシアを視察に訪れた。満鉄留学生だった井田が川上理事の随行を命じられ、南ロシア・ボルガ川の河船に一緒に乗る機会があった。河船がサマーラ付近を通過した時、井田は川上理事と二人きりになった。折しも月明かりの夜で、河の流れは静か、船も緩やかに航行していた。井田は千載一遇のチャンスと、思い切って川上理事に学校設立の話を切り出した。「今こそ、ロシアの専門家を要請する学校が必要なときです」と、自説を展開、実現方法などを相談した。

川上理事は趣旨に賛成し、学校設立を検討すると約束した。のちに川上理事がロシアから帰国する途中、ハルビン学院に立ち寄って学院生に訓示した際、「この学校は露国視察旅行の際、初代の井田校長に口説き落とされてできたものである」と、内情を語っていた。

この話は、ハルビン学院でロシア語教授だった清水三三が一九三六年十二月十日、同学院で行われた井田の追悼式で述べている。なお、川上理事は在ハルビン総領事時代の一九〇九年十月、初代首相の伊藤博文をハルビン駅頭で迎え、伊藤暗殺の際、流れ弾に当たり重傷を負ったことでも知られている。

その後、井田はハルビン学院を満鉄経営の下に置くよう、各方面に働きかけたが、なかなか了解が得られなかった。当時、ハルビンはロシアの勢力圏内にあり、実現困難だったことから名義上、差し障りのない日露協会に経営を委託することになった。

清水三三は、同じ井田の追悼式でハルビン学院が比較的容易に設立できた理由を次のように述べている（清水は井田と同じ東京外国語学校で学び、井田の一年後輩）。

1、当時わが国の世論は積極的対露方針だった。
2、満鉄および関東庁が創立費として各五万円の支出を内諾していた。
3、東京で井田が奔走中、立憲政友会の重鎮・犬養毅が全面的に賛成し、議会の協賛を得られた。
4、後藤新平が日露協会会頭として政府筋、とくに外務省に影響を与えられた。
5、満鉄が出張旅費を出し、井田を社員のまま約一年間学校建設のため自由に奔走させることができた。

さらに、清水は見過ごすことができないこととして、学院の建物がある敷地を満鉄が文化事業を理由に約六百円の特別価格で譲渡してくれたことを挙げている。

学校の建設地をハルビンにしたのは、シベリアと満州に接していて、ロシア革命後の内戦区域外に位置していたからだ。満鉄の好意でハルビン郊外の馬家溝（まじゃこう）に四千坪の敷地を得て、そこに校舎を建設。学校は専門学校とし、本科三年のほか、専修科を設けた。学生は府県費生と公費生、私費生、貸費生で、定員の五〇人に達しない場合は私費生と貸費生を採用した。本科の授業はロシア語を中心に倫理、国漢文、経済学、財政学、法律、商業学、商業数学、商品学、簿記、商業実践、商業作文、商業地理、露国商業慣習、露国史、第二語学、体操の計一七科目。このうちロシア語は一年次が週一八コマ（一コマは五〇分）、二年次は週一四コマ、三年次は週一〇コマとした。

授業の大半はロシア語が占めていたが、経済学や法律など一般科目も多く、公務員としても働けるように配慮されていた。学生は当初、全員が寄宿舎に入った。学費は月額三五円、全額一二六〇円（三六ヶ月）で、一切の教科書、衣服、食料、小遣い、旅費などが学校から支給された。学生は生活費の心配をしなくてもよかったのだ。

ロシア語関係の教師は井田校長が教授で、除村吉太郎が助教授、それにロシア人のパルゾフ講師、シベチョフ講師、ソロビヨフ講師が脇を固めた。さらに、ロシア語会話やシベリア植民史などの担当講師ら総勢一五人が付いていていた。

では、ハルビン学院が創立された一九二〇年は、いったいどんな年だったのだろうか。第一次大戦終結後、国際連盟が発足した年で、大戦後の恐慌により米騒動が起きるなど、国内外とも騒然としていた。そんな中、九月二四日に東京・内幸町で開校式、そして一期生の入学式が行われ、後藤会頭が閑院宮家下賜の校旗を拝受した。

その後、一期生四六人は伊勢神宮に参拝して神戸港から船で出発。門司港を経て日本海に乗り出したが、海が荒れ、黄海を漂った後、九月二九日に大連に上陸した。翌日は大連市内を見物し、夜行列車に乗車。長春を経て十月二日、ハルビンに到着、在留邦人の歓迎を受けて馬家溝のハルビン学院に入った。日本を発ってから八日目だった。

授業は十月十一日から本校舎で開始された。本校舎は赤レンガ造りの三階建で、二棟に分かれていた。手前の校舎一階が職員室、二、三階が寄宿舎、地下室には風呂場、暖房機関室などがあった。後ろの校舎の一階は食堂と炊事場、二、三回が教室になっていた。右手のテニスコートの後ろに職員住宅、相撲場、弓道場があった。また、運動場は正門前の通りの反対側に位置していた。

ハルビン学院の卒業生が一九八七年六月に発刊した『哈爾濱学院史』（哈爾濱学院史編集室編、恵雅堂出版、以後『学院史』と略記）は、八五〇ページを超える書籍で、一期生から二六期生までの卒業生が書いた手記や回想記を中心に編集されている。当時を彷彿とさせるエピソードや卒業生の思い出がたくさん掲載されているので、それを基に学園生活のエピソードや学校経営の苦労話などを探ってみる。

まず、宮城県出身の一期生、引頭末治が「ウォッカつきの入学式パーティー」のタイトルで『学院史』に書いた入学式前後のエピソードである。

――創立したばかりの日露協会学校のことを、中学に届いた県費留学生募集のビラで知った。「狭い日本に住み飽きた。なんとか大陸へ」と憧れていたので、勇んで応募し、仙台で受験した。当時、上海の東亜同文書院でも中国語のできる人材を養成する目的で受験生を募集していて、両方から合格通知をもらった。どちらに入学しようかと迷ったが、近いほうが良いと思ってハルビンに行くことに決めた。

一九二〇年（大正九年）九月二四日、都内で行われた入学式に出席した。井田孝平校長が「ロシア人とは肌に触れて接しよ」と訓示したのをよく覚えているが、その後、講堂でウォッカを出してのパーティーが行われた。女性看護師が飲みすぎて倒れ、医者が来るという騒ぎもあった。入学式のウォッカとは不謹慎に聞こえるかもしれないが、中卒入学の一八歳組は私と二人くらいのもので、三一歳になった二人組もいた。中卒入学組はマルチック（少年）扱いされていたものだ。

学院では本館二、三階の寮に住んでいた。十日ごとに四円五〇銭が支給され、小遣いには困らなかった。大きな風呂があって、ロシア人の勤務員も一緒に入った。

授業はもちろん、朝から晩までロシア語が続き、文字通り、〈ロシア語漬け〉状態だった。法律も経済学もロシア人講師が教え、日本語を話せるのは井田校長だけという徹底ぶりだった。

初代校長の井田孝平は、学校を一から作らなければならず、大変だった。校舎の建設、教師の選任、料理長や事務員らの採用……。開校当初からそばで見守っていた一期生の西川正時は、昭和四六年五月二十日の同窓会会報「ハルビン」第二号に「嗚呼初代校長井田孝平先生!!」のタイトルで次のように書いている。

――何しろ露語を解する者はいないし、官庁へは露文で報告することもある。諸々の交渉事は全部ロシア通の校長に集中した。校舎、校庭、寄宿舎、炊事場、職員宿舎、備品等、全て先生の理想通りに設計され、着々実行に移された。そして未完成の箇所には度々現れて指図や督促をしていた。その間にも官庁との折衝、特に煩雑な特高、憲兵による思想調査にはたいてい、校長一人で当たっていたようだ。

校旗、校章から生徒の服装、食器、献立も校長の考案である。生徒の制服は紺ラシャ詰襟（夏は綿麻混紡）、部屋着はルバーシカ、外套は背割りバンド付、襟には緑の飾りがあった。靴は海陸兵軍靴の新製品、裏返しの甲革は磨く手間が省け、二重皮底には無数の鉄鋲を打ち付けて頑丈この上なく、三カ年は修理不要と見えた。食器は全部白エナメルの平皿と大中二種の椀、投げつけても絶対壊れない。夜は麦飯と薩摩汁を盛り、朝昼はパン食の紅茶を注ぐ。日本の漬物は臭気を発するからご法度。軍足も配給された。毎月五円の小遣い銭も県から支給せしめる等、神経の行き届いた扱いであった。

和露辞典もない頃だから、教材にも苦労した。当初はガリ版刷りもやっていた。日本人のロシア語教師が見つからないため、ロシア人の講師二人を迎え、一時間目からロシア語一点張りの耳学問だった。寮には教師とも雑役夫ともつかぬロシア人二人を配置し、学生と食卓、起居をともにさせつつ、ロシア語を詰め込んだ。校長のこの方針は素晴らしい効果を上げた。半年未満でほとんど支障なく、ロシア語を操る秀才が数名出来上がった。もっとも中には私のようにロシア人に背を向けて、一向に進歩しない者もいたが、優秀な仲間は早くも行事のたびに行われる挨拶や講演を各自順番に通訳するようになった。（中略）

以上を通じてみると、校長の一貫した教えは何であったか？　それはいつ、我々が突然ロシアへ行っても、衣食住と言葉には少しの不自由も感じないようになること。また、上流の人たちからも軽侮されない嗜みを身につけた、強くて優しい心根の日本男児に一日も早く成長してくれよとの念願からほとばしり出た教育方針だったと感知されるのである。

開校から十年以上経った一九三三年（昭和八年）のハルビン学院要覧によると、教職員は校長、教授六人、講師一四人、それに配属将校、生徒監、職員ら七人の計三〇人態勢だった。校長、教授は日本人だったが、講師の多くはロシア人だった。学生は一年生六〇人、二年生二九人、三年生二三人の計一一二人。学生の内訳は、国内の府県派遣生が富山四人、三重、愛知、長野、石川、山口、福岡、熊本の各三人など計三五人。満州からは大連商業一一人、奉天中学九人、撫順中学七人、大連一中四人ら計四三人。このほか私費生も計三四人いた。

一九三〇年の雑誌「受験と学生」によると、学生は日本国内の各府県から試験を経て入学してくる府県費生と、満州の中学などから選抜された給費生が大半。府県費生の定員は約三〇人で、府県側が学費を用立てる関係で各府県一人か二人に絞られた。この結果、一九三〇年度の競争率は、総体的に見ると、二二倍という高倍率だったという。

学院の学資は月額五五円と定められているが、府県側が支給する学費は三〇円から最高四五円と言われていた。卒業後の返還義務などがないため、競争率が高くなったのだろう。学費の支払いに困る家庭にとっては、ありがたい学費免除だ。

福島県からハルビン学院の県費留学生試験に合格、入学した九期生の伊東亭が『学院史』

に書いた「学院を受験した本当の理由」を告白するエピソードがある。

――昭和初期の東北農村の惨状は筆舌に尽くしがたいものがありました。私は家庭の事情から学費のかかる学校への進学は、とうてい困難であることをよく認識していましたので、専ら官費で行ける学校をと狙い、海軍経理学校を受験しましたが、近眼のためはねられ、目的を失っていました。ちょうどその時、同級生の一人が、福島県で毎年、上海の東亜同文書院とハルビンの日露協会学校とに各一名の留学生を県費で派遣しているという、耳寄りな話を持ち込んで、「どうだ、君も受験してみないか」と、誘ってくれた。その友人の第一志望は上海ということなので、私は仕方なくハルビンを第一志望、上海を第二志望としたが、これらの学校で何を学ぶのか、学校の沿革、概要すら全然知らないままでありました。

「ロシア国留学生を命ず、月給五十五円を給する」

一九二八年（昭和三年）三月一日付けの辞令が福島県庁から送られてきましたが、これが合格通知でした。ああ、これで兎にも角にも学費の心配がなく、学校に行けるという歓喜で一杯でした。したがって私は、高邁な建学精神を理解して進学したのでもなく、大陸雄飛の野心を抱いて渡満したのでもなかったことを告白しなければなりません。

それにしても、ハルビンは当時、ロシア領ではなく、中国領だったのに、福島県が県費留学生試験に合格した学生に「ロシア国留学を命ず」という辞令を出したのはなぜだろう。ハルビンはロシア人が建設した都市だったので、その所在地もロシアと思い込んだのか。それとも、知らずにそうしてしまったのか、謎である。

ロシア人が作った街

ハルビンは十九世紀末までアムール川の支流、松花江（スンガリー）に面した小さな漁村にすぎなかった。だが、帝政ロシアと清朝との間で結ばれた李鴻章・ロマノフ条約（一八九六年）と遼東半島租借条約（一八九八年）により、シベリア鉄道の支線として東清鉄道の敷設が許されてから大きく変貌した。ロシア人技術者が多数流入し、パリを模した町を建設し始めたのだ。その結果、地域の中心だったハルビンの人口が急激に増え、近代都市として発展、「東方のモスクワ」などと呼ばれた。一九一七年にはロシア革命が起き、社会主義に賛同しない人たちが、大量に本国から流れてきて移り住んだ。ソ連から離脱した無国籍ロシア人（エミグラント）は白系ロシア人と呼ばれ、昔からの伝統を重んじる暮らしをしていた。

筆者も十数年前、取材でハルビンを訪れたが、街を歩くと、いたるところにネギ坊主形のロシア正教会や、バロック式の百貨店など、帝政ロシア時代の建築物が残っていた。中でも、ロシア語で「キタイスカヤ（中国人街）」と呼ばれていた中央大街は、全長約一・五キロ、幅二一メートルの広い通りがまっすぐ伸びていて、両側には往時の建造物が三十棟も残っていた。ハルビン学院の学生たちがこの通りを散歩したころも、こうした光景が広がっていたかと思うと、胸に迫るものがあった。

ハルビンの人口は満州事変（一九三一年）前には、約四〇万人に増え、大連や奉天に匹敵する大都市になった。最も多いのは中国人だが、ロシア人もロシア革命後、本国から逃れてくる人たちが急増し、ピーク時の一九二二年には約一五万人に達した。それに比べると日本人は少数で、満州事変時でも約四千人にすぎなかった。

学院十期の松田三郎が、『学院史』の中で、ハルビンがエキゾチックな理由を四つあげている。

――第一に、国際都市ハルビンには多くの白系ロシア人が住んでいて、ロシア語の勉強には最適の場だった。ソ連は多民族国家であるが、白系ロシア人はソ連の上流階級の出身者が多く、インテリでノーマルなロシア語を口にしていた。また、学校のある馬家溝は周りにあまり民家がなく、広々として静寂、学究の場としては、また最適の場であった。

第二に、冬の零下三〇度という気温は暖かい日本に育った我々には極限に近い厳しい寒さといえようが、こうした寒さに耐えて極限に挑む修練も青年時代の大事な修業の一つであった。

第三に、教授陣の陣容が素晴らしいものであっ

ハルビン市街地のスナップ写真（撮影時期不明）

た。ロシア語を始め、語学関係はもちろん、一般教養科目においても誠に得難い粒ぞろいの先生方の集まりだった。

第四に、一年次の全寮生活、二年次以降のロシア人家庭での下宿生活という、勉学に即した生活のあり方も大きな特色の一つであった。

学校側は一九二八年（昭和三年）から二年生以上の全員をロシア人家庭で下宿させることに決めた。ロシア語教育の効果増進とともに、校舎の有効利用の二点を狙ったもので、それ以降、学院の学生生活の特色となり、学生側にも大きな期待を持って迎えられた。なお、下宿先は校舎に隣接する馬家溝界隈の白系ロシア人家庭宅で、費用は月額七円から一五円どまりだった。このため、学校側は下宿代・食事代などを自治費と呼び、毎月一〇円程度支給した。

松田三郎は、ロシア人の下宿について以下のように書いている。

――ハルビンに住む白系ロシア人の多くは、元帝政ロシアの貴族であり、高級官僚であったと聞く。思想の違いから遠く祖国を捨ててハルビンでの生活を余儀なくされ、経済的に小さな部屋を仕切って我々学生に間貸しするなど、決して恵まれたものではなかったが、昔の地位や身分に対するプライドは非常に高いものを持っていた。朽ちたりとはいえ、れっきとした白系ロシア人なりという気構えがあった。彼ら民族の大きさ、図太さには圧倒されるとともに、日常生活は質素な中にも秩序、伝統を持ち続けていた。

ある下宿では、こんなことがあった。学校の先生をしていたニーナという下宿の娘さんは夕食が済むと「今日学校で習ったところを読んでごらん」と、学生二人に特訓をしてくれた。最初は強弱がない、感情もこもっていない、文の切れ目もはっきりしないなど、不手際だらけで、箸にも棒にもかからない。しかし、一、二カ月続くと、いくらかものになった。それにしても、ニーナの毎日の並々ならぬ努力には感謝し、頭が下がった。時々家族の写真を見せてもらったことがあるが、昔の生活は恵まれたものであり、大民族の血は争えない。厳然とした精神的基盤を堅持していると感じた。

後藤新平の「自治三訣」

日露協会会頭の後藤は、ハルビン学院の行事にはできる限り出席し、持論を学生たちに語って聞かせた。六期生の上野正夫は、後藤会頭が一九二五年（大正一四年）四月六日、第三回卒業式に出席した時の様子を『学院史』に次のように書いている。

――後藤はこの日も、鼻眼鏡と美髯（ぜん）という堂々たる容姿で現れた。「大風呂敷」の異名で知られた政治家のイメージにぴったりだった。会頭は卒業式の翌朝、学校を訪れ、全校の生徒と教授陣を講堂に集合させた。演壇に上るや否や、開口一番、カミナリを落とした。「見た所、先生方は椅子に腰を下ろし、学生たちは立たされている。学校は誰のためにあるのかっ！」

後藤はその後、学生を演壇の周りに座らせてから特別講演を行った。その中で特に印象的だったのは、ロシア語を学ぶ青年の気概についての訓話であった。

「世間では後藤を『赤』だというものがいる。赤大根程度の『赤』は気にすることはない。ソビエトを研究せよ。対ソ政策に役立つ人間になれ。若者らしく、もっと戸外へ出て雪を蹴散らせ。今朝見たところでは、そうした気配が薄い……」

最後に後藤は、次のような校是「自治三訣」を書き残した。

「人のお世話にならぬよう
人のお世話をするよう
そして報いを求めぬよう」

ロシアは一九一七年の革命でソ連に変わったため、日本国内ではロシアを敵視する風潮が強まっていた。だが、後藤はイデオロギー対立を意に介せず、全方位外交を主張していた。以上は、それを象徴的に示したエピソードと言える。なお、校是「自治三訣」は校訓として、ハルビン学院の玄関に掲げられた。

ハルビン学院は、日露協会会頭が後藤新平ということもあり、校風も「リベラル」を標榜していた。このため、学内の学生たちの食事や待遇への不満は時々、同盟休校（ストライキ）となっ

後藤新平の自筆の「自治三訣」（1925年４月７日）

て爆発した。

学内で初めて起きた学生たちの「反乱」は、一九二一年（大正一〇年）二月二二日、一期生有志一三人が井田校長宛に「校風の振興」と「二教授弾劾」を唱えた「建白書」を提出したものだった。長さ二メートルの奉書に墨で書き、各人が血判を押した連判状だった。学園紛争をまとめた編集室の記事によると、事件の詳細は不明だが、井田校長の裁量により解決を見たとされる。だが、翌年も学生たちの同様な要求が出され、井田校長の引責辞任を招く結果になったという。

次は、一九二五年（大正一四年）五月三日、三年の四期生が主導して、学生全員が出席して開かれた学生大会で、「学校当局の現状の改革を期す」との決議が議決され、二代目の片山秀太郎校長に提出された事件。決議の中で、学校当局が学生の言論・思想・行動の自由を束縛した上、腐敗した肉をスープに混ぜるなどして、学生に不安を与えたと指摘した。両者の代表が話し合った結果、解決に向かうかに見えたが、学校側が「処罰は厳重に保留する」との訓示を出したことから、学生側が態度を硬化させ、ストライキに突入した。これに対し、学校側が中心人物四人の退学処分を発表、膠（こう）着状態に陥った。卒業生が仲介の労を取り、外務省や協会本部を説得、一カ月後に「校長の更迭、学業の再開、処罰の撤回」で解決した。学校当局の完敗だった。

第三の事件は、一九三六年（昭和一一年）九月、四代目の三沢糾校長が清水三三教授ら三人の辞任を急きょ発表した事件。高給の三教授に勇退を求め、財政負担を軽減しようという狙いだったが、学生たちはこれに反発、ストライキを決行した。だが、関東軍が紛争に介入して不穏な空気になってきたため、ストライキは終結に追い込まれた。この結果について当時の学生は「軍独裁に近い体制下で、ストライキを計画したこと自体、無謀だったが、やらなければならないときには、あえて行うのが青年の心意気だ」と書いている。

当初の学園紛争は、ロシア革命に共感する学生や大正デモクラシーに共鳴する学生の民主化運動だったが、満州事変などで軍国主義化が進むにつれ、そうした運動が許されない状況になっていった。そんな空気の中で、先輩たちが酔っ払って新入生の部屋に乱入する「ストーム」が盛んに行われるようになった。

当時、二期生の胡麻本蔦一（ごまもとつたいち）は、どんな時にも温厚な姿勢を崩さない井田校長が、一度だけ大声で学生たちを怒ったことをしっかり覚えていた。以下は『学院史』に掲載された胡麻本の「井田先生の面影」である。

――たしか二年生の冬のある日の放課後、二階の一番奥の部屋で、炊事場から鉄の七輪を持ち出して寝台を真ん中に集め、赤毛布を並べて座敷にし、すき焼きで酒盛りのさなかだった。誰だったか、得意の浪曲をうなっていると、いつの間に先生が入って来られたのか、一同、気がつくとほとんど同時に「バカもん!!」と大声で一喝された。文字通りツルの一声であったが、同室の八名、目を白黒。ウォッカの酔いも何処へやら、七輪の火を消すやら、鍋を片付けるやら、テンヤワンヤの一幕で、今では懐かしい思い出である。（中略）

とはいえ、全く「親の心子知らず」で、井田先生が精魂を傾けて開校の基礎固めに献身していた苦労のほどを察することなく、当面の施設不備とか、日本側教授陣の不足などを理由にストライキに立ち上がり、先生ばかりか、寮食堂の管理に当たられていた須賀夫人までも大衆団交に引っ張り出し、吊し上げをする始末。最後はあくまで要求の貫徹を図るため、東京に代表団を派遣して協会本部に直訴ということになり、胡麻本もその陳情文の起草を手伝った憶えがある。当時を回想するたびに、不肖の弟子として、深い悔恨と慚愧の念を禁じることができないのである。

第２章　満州国建国のころ

「五族協和」の幻想

昭和の時代に「明治は遠くなりにけり」と言われた。今、平成が過ぎ、令和の時代を迎え、「昭和は遠くなりにけり」という言葉が実感を帯びて聞こえる。その昭和の時代は、神戸の貿易商社・鈴木商店と植民地支配の有力銀行・台湾銀行によって引き起こされた金融恐慌で幕を開けた。このパニックは地方にも波及し、二五の銀行が休業を余儀なくされ、第一次若槻禮次郎内閣は責任をとって総辞職した。次の田中義一内閣では、高橋是清蔵相による三週間モラトリアム（支払い猶予令）で事態はいったん収束した。だが、国民の生活不安に加え、作家・芥川龍之介の自殺は、昭和の激動を予言した警鐘ともなった。

一九二八年（昭和三年）二月、日本初の普通選挙が行われ、与党・政友会は露骨な選挙干渉をしたにも関わらず、野党・民政党を一議席上回る二一七議席に止まり、事実上の敗北だった。その反動で、内向けには共産党・労農党への大弾圧となった三・一五事件、外向けには「満州某重大事件」が発生した。後者の事件は、北京から国民革命軍の追撃を逃れて満州に引き上げる途中の軍閥・張作霖（ちょうさくりん）を、関東軍の高級参謀、河本大作が奉天（ほうてん）（現・潘陽）郊外で爆殺したものだ。張作霖が満州に戻れば満州国建国の障害になる、として排除するための《暗殺》だった。

この事件をきっかけに満州は不穏な情勢となり、張作霖の長男、張学良らが反日的態度を強め、在留邦人への圧迫も激しくなった。一九三一年（昭和六年）九月一八日夜、奉天で何者かによる砲撃事件が発生、関東軍による臨時市政が敷かれた。「満州事変」の勃発だった。ハルビンでも九月二一日夜、日本総領事館などに爆弾が投下され、在留邦人の間で緊張が高まった。

一九三二年一月二六日、関東軍の土肥原賢二・哈爾濱特務機関長がハルビンに入城、在留邦人は歓呼の声で出迎えた。関東軍司令部は周辺の師団や旅団に出動を命じ、守備隊と交戦した。これを受け、満州国建設を推進する関東軍は三月一日、廃帝溥儀を執政にして首都を新京（旧長春）と定め、建国を宣言した。形式上は独立国だったが、実際は傀儡（かいらい）国家だった。

満州国は、日本が海外に建設した初めての国である。しかも、関東軍が武力で打ち立てた国だけに、多民族による国家をどうやって治めていくかが課題だった。当時、満州国の人口は約三千万人といわれ、主に満州人、中国人、モンゴル人、朝鮮人、日本人の五族が住んでいた。だが、日本人は全人口の一パーセントにも達せず、しかも他民族からの攻撃にあっていた。そこで採用されたのが「五族協和」と「王道楽土」の二つのスローガンだった。中でも「現住諸民族の共和を期す」という五族協和は、弱小民族・日本人が満州で平等な取り扱いを求める防衛的性格も持っていた。

だが、それだけでは日本人を満州に呼び込めない。日本古来の天皇制を引き継ぐ《王道国家》建設という意味で「王道楽土」という理念が付け加えられた。ともに日本人には歓迎

1933年ごろのハルビン学院校舎（撮影時期不明）

されても、他民族からみれば、日本人という権力者にとって一方的に有利なスローガンだった。

満州国建国に対し、中国など列国の不満は根強く、国際連盟はリットン調査団を現地に派遣した。その調査結果を受け、対日勧告案が国際連盟に提案された。満州事変を日本の侵略と断定し、満州を列国の共同管理下に置くという提案だった。この勧告案は翌一九三三年二月二四日、四二対一で可決された。勧告案に反対したのは日本のみで、日本は直ちに連盟脱退を通告し、国際的に孤立の道を歩むことになった。

満州国建国に伴い、学院がある北満州の情勢が変化、ロシアの勢力下にあったものが次第に中国に移り、満州国の主権および勢力の下におかれるようになった。このため、従来の対露関係の人材養成に加え、新たに対満州関係の人材も合わせて養成する必要が出てきた。そこで学院側から校名を「日露協会学校」から「哈爾濱学院」に変更すべきとの申請が出た。これを受けて日露協会、外務省、文部省、法制局を交えて検討した結果、変更が認められた。学院生の採用人数も一学年、概ね六〇人に変更した。創立当初は一学年約五〇人でスタートしたが、就職需要の減少などから一時、三〇人に減らした。だが、満州国建国により、入学希望者が増えてきたため増員することになった。

さらに、満州国とソ連との関係も重要になってきたため、モンゴル系も含めて、満州国人の希望者も入学させることに決まった。さらに、対満州国関係の人材育成に絡み、授業科目の改変も行われ、中国語、モンゴル語、満蒙の経済・地理・商業慣習などの科目が正科として新設された

当時、ハルビン学院卒業生の就職は概ね順調で、満州地方などの大会社や官公庁に入った人が約八割を占めた。学生受験年鑑（昭和一六年版研究社編）に掲載された一九三八年（昭和一三年）の報告によると、卒業生六二〇人中、もっとも多かったのは満鉄またはその傍系会社などの会社員で二七九人を占めた。歌手、加藤登紀子の父、幸四郎（十期生）も満鉄に入った。二番目は満州国官公庁一三三人、三番目は満州国以外の官公庁七〇人の順だった。その他は関東軍関係、記者、外務省留学生などとなっている。また、勤務地別では、満州地方約四一九人、ソ連約三〇人、樺太・北海道約四〇人で、概ね八割は極東地域で働いていた。

また、外務省の資料（一九三五年四月現在）によると、一期（一九二〇年入学）から十三期

（一九三二年入学）までの卒業生の満州国内就職者は二三七人。このうち、最も多いのは駅・陸上運輸関係で六九人、次いで官公庁が二二人、三番目が銀行金融で二一人。そのほか、外交部弁事所一三人、満鉄一三人などだった。

満州国建国で、ハルビン学院の教職員の態勢も大きく変わった。校長はそれまで民間人だったが、一九三八年（昭和一三年）三月、第五代校長に陸軍中将の三毛一夫が任命された。さらに学監が陸軍少将、配属将校が陸軍大佐という具合に、オール軍人の布陣になり、軍国主義化が進んだ。

こうした流れに反発する学生が、教官の「長髪を切れ」に抵抗する一幕があった。その張本人の十八期生、北山正道が『学院史』の中で、一部始終を書いている。

――昭和一三年の秋だったと思います。自由な学院にもだんだん軍国調が押し寄せてきた。それに反発するかのように、長髪のものが数人いた。私もその中の一人で、髪を肩まで伸ばして粋がっていた。それがどうも教官の山森大佐殿には気に入らぬらしく、廊下で会うたび、顔をしかめて「その頭、なんとかならぬか」と注意していたが、私は全く無視していた。

ところが、ある日、教官は精神訓話の時間に教室に入るやいなや、「北山」と私の名を呼び、私が「ハイ」と立ち上がると、「その頭の毛を切れ！」と命令調で怒鳴った。私は即座に「切りません」とはっきり答えた。思わぬ反発に教官は一瞬間を置いて「なぜだ」と聞いた。私は「世の中には意味のないものがたくさんあります。そういえば教官殿の口髭も同じようなものではありませんか」と答えた。

教官はしばらく沈黙の後、「よしわかった。俺がひげをそれば、お前は髪の毛を切るか？」「ハイ、切ります」「よし、男の約束だ。明日までに切ってこい」ということに勢いでなってしまった。その晩、街に出て中国人の床屋でカミソリを使って綺麗に剃ってもらった。外に出たら寒くてどうにもならない。やむなく風呂敷をかぶり、端を首にまいて、まるで弁慶のような格好で外を歩いた。

翌日、教室は大騒ぎになった。そこへひげを剃らないで教官殿が入ってきた。さあ大変、生徒たちは「男の約束をどうした」と口々に怒鳴った。教官はいたたまらず、「カミソリ、カミソリ！」と喚きながら、寮母さんの部屋に飛び込み、ろくに水もつけないで慌ててこすったから大変。鶏の毛をむしった後のようで、鼻の下は血だらけで教室に戻ってきた。

迫り来る戦雲

一九三九年（昭和一四年）九月一日、ついにナチス・ドイツのポーランド侵攻により、第二次世界大戦が勃発した。近衛文麿内閣が日独伊三国同盟に対する閣内意思不統一の責任をとって総辞職。それに代わった平沼騏一郎内閣は「ヨーロッパの複雑奇怪な情勢」との迷文句を残し、阿部信行内閣と交代した。新内閣は各種統制を公布し、インフレ対策に懸命となったが、かえってヤミ物価を呼び、石油など生活必需品の不足を招いていた。

大戦の勃発を受け、ハルビン学院は、それまでの「哈爾濱学院」から「満州国立大学哈爾濱学院」と改められた。満州国が建国されて五年経過したのを受け、満州国の直轄とするのが関東軍の狙いだった。この結果、関東軍の影響力が強まり、軍部の必要とする対露要員として学生を育成していくことになった。

ハルビン学院の経営主体は元々日露協会であり、日本の学制（文部省）に基づいて外務省の指導を受けるという形だった。それが軍・大使館・満州国の三者で協議して決めるよう、改められたのだが、実際には関東軍が作成した改革案に従って組織が変更された。この結果、学院は満州国に接収され、国立大学に改組。学生数は一学年百名に増やし、相当数の満人学生を収容すると決まった。外務省は満州国の直轄案に反対していたが、軍部の圧力に抗し切れなかったと言える。

翌一九四〇年は皇紀二千六百年にあたり、全国的に祝賀行事が繰り広げられた。日中戦線は膠着状態だったが、欧州戦線ではドイツの電撃作戦に押しまくられ、六月にはパリまで占領された。一九四一年になると、関東軍はソ連との戦闘は必至として内地、中国戦線からの兵力転用を計画した。だが、米英オランダの対日資産凍結措置による南方情勢の険悪化などから、陸軍参謀本部は「北守南進」の帝国作戦要項を決定。七月に約七〇万人の兵力を集中して「関東軍特殊演習（関特演）」を開始した。ソ連はこれを対ソ戦争準備と捉え、四年後の満州進攻の理由にあげた。

ハルビン学院も関特演動員のため、三年生の夏季休暇を七月末までに繰り上げ、電報で集合命令を出した。十月一六日、第三次近衛内閣が総辞職し、陸軍軍人の東條英機内閣が成立。この日に日本の大学・専門学校の在学年限の短縮も決まり、一気に戦争に向かっていった。十二月一日、御前会議で開戦を決定。同八日に海軍がハワイを空襲、太平洋戦争の火ぶたが切って落とされた。

「迫り来る戦雲の下で」というタイトルの学生日記（一九四二年三月－四四年九月）が『学院史』に、一六頁に渡って掲載されている。編集室では、「この間の学院関係記録資料は終戦時にほとんど焼却、あるいは散逸して、重要行事についてさえ日時を特定するに困難な実情にある」として、二三期の林功（一九四二年四月入学）が当時の日記を読み返し、学内行事や寮生活にまつわる記事を中心に抜粋したものを公開している。その中から主な項目を抜粋する。

○一九四二年（昭和一七年）

3・31（火）ハルビン着。夢は現実と化し、異郷いま足下にあり。

4・23（木）東京空襲の新聞報道あり。

6・24（水）終業式。

6・29～7・19　勤労奉仕。

7・19（日）ハイラルからさらに入った満蒙国境での戦車壕掘り作業を終え、帰る。ハルビン駅に国防婦人会が出迎えてくれ、神社に参拝し、帰寮。

9・15（火）建国十周年記念日式典。

9・25（金）運動会。学院全部、それに幼稚園、小中学校、女学校、ロシア人小中学校などが参加し、盛大に挙行さる。就中「国士おどり」「学院乱舞」は観衆唖然たり。

11・1（日）全満ラグビー決勝でハルビン学院が快勝。

12・5（土）防空演習で夜、非常呼集。

○一九四三年（昭和一八年）

1・12（火）早朝零下35度、登校時零下30度。正午零下18度。今冬最低だ。

4・1（木）始業式。新校長は渋谷大佐。今日は未着任で大野教授が代行される。

6・18〜7・22　勤労奉仕で北安へ行く。

9・9（木）七時限の武道を終え帰寮し、円座で夕食時、「イタリア無条件降伏」の臨時ニュースあり。共に奮起を誓う。

10・6（水）徴兵延期の停止と現地入隊について校長より示達される。「皆、内地には帰らず、ハルビンにて武を練ること」と。風雲急なるを知る。

10・8（金）連絡船が敵潜水艦にやられたとの新聞報道あり。

11・3（水）学徒出陣壮行会。

11・5（金）二一期卒業式。兄等の前途多難！ 幸多かれと念ず。

12・18（土）帰省厳しくなる。未成年の喫煙その他、二十名が処罰。しかも不公平にも二年のみ。今日からは試験始まる。

12・21（火）始業式。校長訓示「校規を遵守せぬものは学院に不要、即刻産業戦士たるべし」と。
○一九四四年（昭和一九年）
2・25（金）マーシャル群島で将兵四五〇〇、軍属二〇〇〇が玉砕。あわれなり。黙祷。

3・8（水）二二期卒業式。

3・14〜4・17 帰省。すでに現地入隊のことを知っていたので家族や友人から多大に歓待されると共に、出征兵士並みに扱われた。

4・18（火）学監、校長、胡麻本先生に帰着申告、徴兵検査通知書をもらい、海軍予備学生を志願す。

4・26（水）、4・27（木）徴兵検査。甲種合格！　この感激、まず父母に手紙書く。

5・8（月）満十九歳の者たちの繰り上げ徴兵検査あり、授業なし。

9・13（水）卒業は明後日に迫る。それぞれに就職が決まったが、それも束の間にすぎず、皆それぞれに入隊することになっている。今日、珍しく雨降る。

学徒動員の戦争体験

二三期の大心地（おごろち）洋は、学徒動員で急きょ卒業させられ、軍隊に入隊した組だ。広島県安芸郡（現・呉市）蒲刈（かまがり）町出身。以下は、本人へのインタビューの抜粋である。

――中学五年の秋に新聞を見ていたら、ハルビン学院と東亜同文書院の入学者募集の広告が目についた。どちらにしようか迷ったが当時、地元・蒲刈町から満州へ飛び出して行き、大金持ちになった人がいたので、ハルビン学院を受けてみようかなと思った。募集数は広島県内で三人だった。

一九四一年（昭和一六年）十二月、広島県庁で試験を受けたらすんなり合格した。その後、学校案内を見ていると、毎月三〇円を支給してくれるというし、寄宿舎なので食事などの費用はいらないという。当時校長でも月給は七〇円くらいだったので、これは親孝行ができるなと思った。

ハルビンは「東方のパリ」と言われ、ロシア人は約三万人いた。若い女性には美人が多く、特に喫茶店には美人のウエイトレスがたくさん働いていたので、学院の帰りに学生たちと、よく連れ立って出かけた。彼女たちと会話すれば、ロシア語の勉強にもなったからだ。ロシア語を磨くには良い環境で、入学から半年くらいで、ロシア語ができるようになった。

一九四三年十二月一日、第一次学徒出陣の対象となり、入学から二年半で急きょハルビン学院を繰り上げ卒業させられた。入隊して三カ月間、初年兵教育を受けたが、その期間中に南方のマリアナ諸島サイパン島に移動しなければならなくなった。ただ我々は幹部候補生で、教育中の身分であるからと、そこに残された。後で聞いたらサイパン島へ移動した兵隊は全滅したと聞き、「残されてよかったな」と思った。それから延吉（えんきつ）の予備士官学校へ行き、見習士官の少尉になって北満の師団司令部の参謀本部に採用された。

その後、チチハル市に移動になった。一九四五年八月九日、ソ連軍が進攻してきたので、「もう死を覚悟しなければいけないな」と思っていた。すると、関東軍司令部から「全員ハルビンの線まで下がれ」という命令がきた。一目散にハルビンまで下がって、ハルビン駅の郊外で終戦を迎えた。終戦間際に二度も死にかけたが、運よく生き残れた。

終戦後、二日くらい経ってから、ソ連軍がやって来て、関東軍を武装解除した。私は通訳として働かされていたが十月末ごろ、貨車へ三二日間載せられ、モスクワの南方にある将校収容のためのマルシャンスク収容所に移された。そこで一時、本部の通訳をやっていたが、その後日本人二百人くらいが郊外のミヤジブに移動させられ、線路の仕事に従事した。さらに、その奥のパリンスカヤへ移動して、主に森林伐採に従事した。

マルシャンスク収容所は国際ラーゲリで、ドイツ人や日本人約一万六千人が収容されていた。そこから森林伐採や保線区などの仕事に出された。日本人は日本人だけで作業をした。ドイツ人はロシア人の命令を聞かなかったが、プライドが高かったのかもしれない。将来については全然わからなかったものの、私は独身だったので、あまり心配しなかった。

広島出身者が一人で逃亡したが、一週間後に連れ戻された。その後、どこかへ連れ去られたという。

終戦後の一九四七年十月初め、日本人捕虜は日本に帰すという知らせがあった。「すぐ支度しろ」と言われ、荷物を持ってマルシャンスクの本部に引き上げた。順次シベリア鉄道に乗せられ、ナホトカに集まった。行くときは一カ月くらいかかったが、帰りは十日くらいでナホトカに着いた。一部はナホトカで残された。先輩の一人が残され、その後自殺したと聞いた。我々は引き揚げ船の芸徳丸に乗って舞鶴港に着いた。船が日本に近づいたら、日本が青々としていたのが印象に残った。嬉しかった。シベリアは雪で真っ白だったが、日本が近づくと、シベリアに比べて家々が立派だなと思った。

「ハルビン学院に入った頃の夢はなんだったのですか」と聞くと、大心地は「卒業したら満鉄にでも入ろうと思っていた。だが、戦争になったので、（満鉄に入れなくても）仕方ないと思った」と語る。また、ロシア人をどう思うかと聞いたところ、「彼らは人種差別がなく、個人的にはいいやつが多かった。ただ、集団になると許せない部分もある」と言い切った。

戦時中、日本は「五族協和」を唱えていたが、満州人らをどう見ていたのだろうか。大心地は「当時、日本は満州軍を作ったが、日本の兵隊は誰も満州軍には入りたがらなかった。われわれは満州人を明らかに自分たちより下の民族とみて、優越感を抱いていたからだろう」と話した。「五族協和」のスローガンを、日本人自身が幻想と見ていたことは間違いない。

二三期の上野信男は山口県出身。戦前、父親の仕事の関係で大連に住んでいて、大連商業高校を繰り上げ卒業し、一九四二年（昭和一七年）四月、ハルビン学院に入学した。戦後、早めに帰国することができた一人だ。以下は、本人へのインタビューの抜粋である。

――入学から二年後の一九四四年（昭和一九年）九月一五日、学徒出陣となり、繰り上げ卒業して軍隊に入隊した。主計幹部候補生として関東軍経理学校に入り、翌一九四五年八月十一日に繰り上げ卒業し、見習士官になった。だが、満州の関東軍部隊は南方へ転戦しており、部隊は空っぽの状態だった。ソ連の戦車部隊が吉林（きつりん）を襲撃するという情報が入り、上官から部隊の兵隊に「爆薬を抱いて戦車の下に突っ込め」という指示が出た。ところが、戦車部隊は別方面へ行ってしまい、危うく戦死を免れた。その後、部隊は吉林駅に集合することになり、山の中を行軍しながら進んだため、八月一五日の天皇の玉音放送を聞き逃した。敗戦を知ったのは二日後だった。

終戦を迎えたので、吉林で仲間と一緒に商売をやろうとした。だが、その前の晩にソ連兵に襲撃され、食材などを一切合切強奪されたため、計画を取りやめにした。そこで父親がいる大連に戻ろうと思い、奉天で駅長に貨車を出してもらい、日本人約一五〇人を先導して大連に着いた。一九四六年（昭和二一年）にソ連が引き揚げたので、出張でハルビンに戻って来た。その時初めてハルビン学院の渋谷校長一家が自害したことを知った。

一九四七年（昭和二二年）三月末、帰国した。その際、乗った船は最後の引き揚げ船で、着いたのは佐世保だった。そのあと、広島に行ったが、市内は原爆で全滅状態になっていた。広島県庁に勤めだしたが、すぐやめて食料公団に移った。一九四九年（昭和二四年）に静岡県焼津市へ行き、会社に就職した。その後、立川開発興業という会社を起こして土木建設業を始めた。一九七〇年（昭和四五年）、札幌に店を出して土地開発をやっていた。

第３章　敗戦から逮捕・抑留へ

ソ連軍の進攻と学院閉校

一九四五年（昭和二〇年）春、ハルビン学院は二六期生一〇二人の新入生を迎える準備をしていた。だが、新入生が日本からハルビンへ渡ろうとしていた四月一日、米軍の「沖縄本島上陸」が発表され、その十日前には大本営が硫黄島玉砕を公表していた。学生のうち、最上級の二四期生一一一人中、学徒動員で六四人が入隊、中退や病欠で三〇人以上が学院を離れており、三年生に進級したのはわずか十人程度。前年入学の二五期生も同様の運命をたどると見られ、全学生が先行きへの不安を抱いていた。

その頃、二年前に着任した渋谷三郎校長は定例の講話で、戦局の見通しを次のように語っていた。

「沖縄戦こそは正真正銘、大東亜戦争の行方を決める天王山の戦いだ。政府や新聞はことごとに『関ヶ原だ』『天王山だ』と誤った発表をしてきたが、今度こそ日本の運命を決める戦いだ。沖縄を奪取されれば、ソ連は必ず軍隊を送ってくるだろう。日本は南北から挟撃されて、極めて苦しい戦いを強いられることになる」

渋谷校長は陸軍士官学校卒の軍人で、ロシア革命後のシベリア派遣師団参謀、満州国黒河省特務機関長などを務めた対ソ戦略の専門家だった。当時としては思い切った発言だったが、プロの軍人だけに、米英との戦争敗北がソ連の対日参戦を誘発、日本のトドメを刺すと予見していた。

ハルビンでは当時、日本国内で繰り返されていたような大空襲がなく、食料不足も他人事だったので、学生にはそれほど緊迫感がなかった。そこへ五月中旬、突然、二四、五期の五〇余人に対し、現役徴兵命令が下った。入隊先はハイラル、黒河（こくが）、牡丹江（ぼたんこう）、東安（とうあん）など国境警備の一線部隊に分散されたが、後方の吉林に新編成された関東軍総司令部直轄部隊・独立機動第一旅団にも六人が入隊した。

ハルビン学院が名実ともに存亡の危機に陥ったのは、七月十日に発動された「根こそぎ動員」だった。当時満州にいた日本人男子（四五歳以下）約三〇万人のうち、約二〇万人

（約二五万人とも言われる）が召集令状を手にした。ハルビン学院では、予備役少将の高橋重三学監が現役復帰した直後、姿を消した他、教官のほとんど全員が入隊してしまったのだ。『学院史』では、ソ連が参戦した八月九日から終戦の日を挟んで閉校まで、日を追ってルポ風に描いている。

ソ連機は八月九日午前一時ごろ、全満州の大都市で曳光弾とともに数発の爆弾を落とし、早々と北方へ去った。初空襲は開戦通告を兼ねた威力偵察のようなもので、大きな被害はなかったという。だが、ソ連軍は地上軍兵力一五七万人を三つの方面軍に分け、六方向から満州中央部に電撃的に殺到しており、北満・ハルビンを放棄した関東軍の「対ソ持久戦略」では、勝敗は明らかだった。

八月十日、渋谷校長は校庭で百人足らずの学生を前に淡々と訓示した。ただ、七月はじめ、「喫煙により無期停学、ただし登校は許す」との処分をした二十数人の学生に対し、処分解除を通告した。自決を思い定めていた校長は、処分した学生の過ちを消し去ってくれたらしい。

八月十五日午前十時ごろ、二五期生が学院南寮から出勤する途中、満人女性が走り寄ってきて、「日本は戦争に敗れた」と叫んで走り去った。その後、二六期生が買い物をして南寮に帰って来ると、事務官のロシア人妻が「日本は負けた」と叫び、学生を手招きしていた。事務官宅に駆け込むと、天皇の敗戦を伝える玉音放送が聞こえてきた。それでも学生は半信半疑だったが、南寮の裏で号泣し、倒れ伏している人がいる。よく見ると、白井長助学監で「日本は負けた！　負けた！」と叫び続けていた。これで本当に負けたことを実感した、と学生は振り返っていた。それだけ、現地の日本人は自国の敗戦を予期していなかったようだ。

八月十六日、ハルビン学院の校旗焼却式が南寮裏庭で行われ、渋谷校長が校旗に火をつけた。学生たちの多くは、馬家溝十字街の政府代用官舎などの警備に付いていたので、立ち会った学生は五、六人だった。学院はこの日、日露協会学校創立以来、二五年の幕を閉じた。南寮に残っていた学生たちも十五日を境に、三々五々自宅へ帰ったり、知人を頼って退去したりしていた。だが、行く先のあてのない内地出身の学生やモンゴル系、中国系の学生たち数十人が南寮で暮らしていた。ハルビンの街には青天白日旗が翻り、日の丸は打ち捨てられていた。

その後、近郊の開拓村の避難民が続々とハルビンに流れ込んできた。日が経つにつれて、乞食同然の格好で命からがら避難してきた人たちで街はあふれるようになった。牡丹江、東安、三江（さんこう）、北安（ほくあん）、竜江（りゅうこう）各省に散在する開拓村の家族が集まってきて、新香坊（しんこうぼう）の元義勇隊訓練所がハルビン最大の避難民収容所になった。そのほか、花園・桃山両小学校、東西両本願寺、満拓大星ホテルなどが収容所に変わり、最終的にハルビンに集結した開拓避難民は約二十万人と推定されている。

八月二一日朝、新京から帰寮した二五期の学生二人は連絡のため校長公邸に出かけた。玄関を入ると、前日の深夜に校長夫妻と次男が自決、保安隊の立ち入り調査があったことを聞き、直ちに南寮に通報した。校長と親しかったハルビン医大の田村於兎学長からの連絡で最初に駆けつけた近所の主婦は次のように話していた。

「女中さんが異変に気付き、田村学長に知らせましたが、寝室はロックされていて、大きな斧で鍵を壊して開けました。室内は血の海で、絨毯の上に三人が倒れ、机の上にお香がたかれていました。間もなく、白井学監を始め、学院の方達が駆けつけられ、後のことはお任せして辞去した次第です」

自決した校長の枕元の小机の上には、三人の遺書が置かれていた。校長と夫人の遺書には、辞世の句が書かれていた。

「北満に　いつかは春のめぐりきて　大和桜の花や咲くらん」（渋谷三郎）

「大王の　御盾と散りしますらおの　効ある日をぞ　我は待つなる」（文子）

渋谷一家の葬儀は、その日の午後、直ちに行われた。治安が極度に悪化していたためだ。二五、六期生約十人が泣きながら弓道場跡地に穴を掘った。葬儀は学生十数人と田村ハルビン医大学長ら校長の友人たちが集まって行われた。知らせを聞いて駆けつける人が多く、中国人、ロシア人も多数参列して粛々と別れを告げた。

最後の学院生

二六期の藤井（旧制・佐々木）登は、山口県大島郡の出身。柳井商業を卒業する際、英語が好きだったので担任の先生にハルビン学院への受験を勧められた。一九四五年（昭和二〇年）四月に入学したので、終戦まで半年もなかった。以下は、本人へのインタビューの抜粋である。

――ハルビン学院で一番記憶に残っているのは、終戦の日の八月十五日昼、渋谷三郎校長が学生全員を集めて訓示された時のことだ。当時、二年生以上は学徒動員で戦地に行っていて、残っていたのは二年生六、七人、一年生約百人だった。

渋谷校長は全員の顔を見ながら、こう言った。

「日本をこういう結果にして申し訳なかった。君たちはここにきたのだから、精一杯生きてくれ」

そういうと、校長は学生全員に、学校にあったお金を分けてくれた。校長一家三人が学院内で自決したと聞いたのは、数日後だった。

終戦の翌日、学院の二階から外を見ていると、ワイシャツ姿の日本人が次々、中国人に連行されていった。それを見て「ああ、日本人は皆銃殺されるのかな」と思ったが、銃殺にならず、市外に集団連行された、と後で聞いた。八月十七日にソ連の兵隊が学院にやってきて「武器庫を開けろ」と命令した。そして武器を全部押収していった。そこで、二年生が「ここにいても殺されるかもしれないから、出て行こう」と言い出した。

みんな内地からきているので、帰れと言われても帰るところも手段もなかった。だが、ハルビン駅は当時、日本人が管理していたので、なんとかなると思って一七日の朝、ピストルに弾を込めて三々五々、駅の方へ向かって寮を出た。皆、持ち物をリュックサックに詰めて出かけたが、私はもらったお金と歯磨き粉だけを持ち、剣道衣と柔道用のズボンを履いて外へ出た。途中でソ連兵に捕まり、「ダバーイ（寄こせ）！」と言われ、持ち物を全部出したら、歯磨き粉だけ返してくれた。

われわれ一年生は入学後、すぐ学徒動員でこき使われていたので、ハルビン市内の様子もよく知らなかった。ロシア語の授業も行われなかったので、ほとんどロシア語を知らなかった。

同級生の田中君と一緒に寮を出た。その際、彼のお姉さんが満鉄社員と結婚していたので「満鉄の社宅へ行こう」と誘われた。ハルビン駅から列車に乗り、社宅に行った。彼のお姉さんから「ソ連兵が来ると連れて行かれる」と言われ、ペチカの裏側に入って隠れていた。そこで一週間くらい生活していたが、九月ごろになって「もう大丈夫だ」と言われ、外に出た。

友人のお姉さんから「ソ連兵が来たら話をしてください」と言われ、ロシア語の辞書を片手に、ソ連兵約二十人と片言のロシア語で話をした。ソ連兵に「しばらく泊めてくれ」と言われ、満鉄の社宅の一部屋を貸し出し、私が一緒に寝起きして通訳を務めた。私はソ連兵の欲しいものを聞いて区長に頼んで調達してもらい、その代わり日本人女性を襲わないように頼んだ。こうして中共軍がやって来る翌年三月まで彼らと寝起きを共にした。その後、ロシア語新聞の配達をしながら帰国する日を待っていた。中共軍が来ると、松花江に連れて行かれ、塹壕掘りをやらされた。

一九四六年（昭和二一年）十月ごろ、米国の引き揚げ船に乗り、博多港に帰って来た。そして母の住む岩国に落ち着いた。その後、織物製造工場に住み込みで働いた。父と兄が復員して来たので二年後に上京、明治大学に入学した。一九五三年に卒業し、東京中央郵便局外国郵便課（のちの国際郵便局）に勤務した。一九五五年に結婚、娘が生まれた。孫は二人いる。

「ハルビン学院について今、どんな思いを持っていますか」と聞くと、「私の青春をつぎ込んだところ、という気持ちがある。明治大学の同窓会には出たことはないが、ハルビン学院の同窓会には毎年出席していた」と話した。続けて「私は声が大きいので、日本武道館で行われていた日本寮歌祭にも毎年参加し、ハルビン学院の寮歌『松花の流れ』を歌っていた。四月中旬に行われるハルビン学院記念碑祭にも毎年出席しているが、同級生は今では一人しか出てこない」と、寂しそうに話していた。

シベリア抑留・戦犯

ハルビン学院の卒業生は、ロシア語のプロ養成学校という成り立ちから、ソ連軍に〈潜在的スパイ〉とみなされ、終戦後、シベリアに抑留された人が多い。中にはソ連領内に入ったとたん、「軍事捕虜」あるいは「戦犯容疑者」としてシベリアや極東に連行され、極寒の収容所で過酷な労働をさせられた人も少なくない。

シベリア抑留の経験がある卒業生は、合計二三八人にのぼる。そのうち、少なくとも一三人が死亡している。このほか、一九四五年（昭和二〇年）八月九日の日ソ開戦から終戦前後にかけて国境前線で四〇人以上の戦死者（自決を含む）が出ている。

抑留者の数二三八人は、全期を通した卒業生一五一四人の約一六パーセントを占める。一九四五年八月当時、満州にいた卒業生を千人とすれば、約四人に一人が抑留された計算になる。そのうち、五七人はシベリアなどに八～一一年の長期抑留を強いられている。

抑留者を期別に見ると、開戦一年前に現役入隊した二四期が最も多く三一人、次いで直前入隊の二五期と、関特演の標的となった二〇期が各二四人になる。二二、二三期は各二一人。シベリア抑留者がゼロだったのは三期だけである。

シベリア抑留者の帰国も、戦後の米ソ冷戦の影響で長引いた。終戦時、中国大陸や南方地域にいた日本軍人・民間人約五七六万五〇〇〇人は一九四六年十月までに日本への引き上げを完了した。だが、ソ連領内と占領地域（樺太、北鮮）のみは「捕虜」を含め、約一〇八万人が消息不明のまま、取り残された。

このため、米英ソ中の四大国で構成する対日理事会で激しい論戦が続けられたが、一九四六年十二月十九日の米ソ取り決めで「月五万人あて送還」で合意、ハルビン学院同窓の大部分が一九五〇年四月までに帰国した。

しかし、シベリアには戦犯裁判で最高二五年の刑を受けた人たちが、少なくとも五七人残されていた。「戦犯捕虜」の釈放・送還が再開されたのはスターリン死去の約九カ月後、一九五三年十二月一日のことだ。だが、長期抑留者の送還は順調には進まず、最後に帰ってきたのは日ソ国交回復後の一九五六年十二月二六日、一般邦人三一〇人を含む一〇二五人だった。この中には学院卒業生二三人がいた。こうして戦後、長い道のりを経て、ようやく人員面での戦後処理が終結したのである。

終戦後ソ連に抑留され、十一年間をソ連の監獄・収容所で過ごした二一期の内藤操は、ロシア文学者の内村剛介（ペンネーム）として知られている。栃木県の農家の生まれ。一九三四年、小学校を卒業すると、姉が嫁いでいた満州に単身で渡り、満鉄経営の育成学校に入学。その後、大連第二中学校に編入して、一九四〇年、ハルビン学院に入学した。一九四三年、戦況悪化のため学徒出陣で繰り上げ卒業となり、新京の関東軍総司令部参謀部勤務を命じられた。

終戦後の一九四五年九月、関東軍女子軍属を連れて朝鮮・京城に退却の途中、平壌駅で会ったハルビン学院一二期の梶浦智吉（満州国外務事務官）に頼まれて下車。関東軍の武装解除に立ち会うが、二人とも平壌署に連行された。満州・延吉の捕虜収容所へ移送され、軍籍以外の二十数名が突然釈放された。二人もいったん釈放され、雪道を歩いて平壌に向かったが、梶浦の体調が急変、歩けなくなった。二人で相談して収容所に引き返すことにし、あえて再び捕虜になった。

一九四六年四月、梶浦とともにソ連軍諜報機関に逮捕され、延吉の拘置所に移された。その翌年三月、関東軍司令部で通訳として働いていたことが日本人の密告でばれて、ソ連内務省に逮捕され、取り調べを受けた。一九四八年、二五年の禁固刑、五年の市民権剥奪、五年の流刑の判決を言い渡され、シベリアのイルクーツクの北西約百キロにあるアレクサンドロフスキー監獄に収監された。その後もいくつかの監獄、収容所を経て日ソ国交回復後の一九五六年末、釈放され、最後の帰還船で帰国した。

内藤はその後、商社に勤務する傍ら、文筆活動を始め、抑留時代のソ連軍人との対決などを描いた『生き急ぐ――スターリン獄の日本人』『見るべきほどのことは見つ』などがロングセラーになった。一九七三年、北海道大学教授、一九七八年～一九九〇年まで上智大学教授を務める一方、著作・翻訳に没頭した。二〇〇九年、心不全のため死去した。享年八八だった。

内藤は戦後、約十一年間にわたってソ連に抑留されたが、「ソ連は原理的に間違っており、自分は原理的に正しい」という問題の立て方をして、監獄や収容所の囚人や看守たちの行動から、ソ連の本質が見えると考えた。つまり、「神は細部に宿る」という発想で、ディテールそのものに全体像が露出しているとみて、帰国してから『生き急ぐ……』の本を書いたという。

この本はソ連の取調官との密室の神経戦を通じてソ連共産主義の、さらにはロシア人の本質をさらけ出そうとしている。特に、二五年の禁固刑などの判決言い渡しの場面で内藤が判決の根拠などを尋ねたことに対し「もういいよ。こっちの神経もいたわってもらいたいね」と取調官が言ったことについて『内村剛介ロングインタビュー　生き急ぎ、感じせく――私の二十世紀』（恵雅堂出版）の中で、内藤は次のように述べている。

「まさに言うも言ったり、この言葉に驚倒しました。『いたわり』という言葉が、こんな場面で使われるとは思ってもみませんでしたから。そして『ボリシェビキとの付き合いは、これが初めてでもあるまいに。痛いだの苦しいだのと、つべこべ文句はいわせんぞ』ともぬかしおった。実に彼らの身の丈がよく表れていると思いましたね」

さらに内藤は、ソ連共産主義が「底なしの『基準なし』」であり、「正義とは自分たちにとって有利なことである」と断定している。彼の体験的ソ連論が、戦後の日本人の浮ついた共産主義観に冷水を浴びせたとも言えよう。

また、内藤はハルビン学院での経験から、日本が推進した「五族協和」政策について「学生たちはいったん入学すれば、スローガンがそうだから仲良くしましょうというものではない。入学後、一年も経たないうちに支配する民族、支配される民族というようなスローガンは完全に吹っ飛んでしまう」と『内村剛介ロングインタビュー』で、級友の中国人同窓生の例をあげて述べている。

それによると、中国人同窓生は三年生の時、突然学院から姿を隠した。日本の憲兵隊に追われて逃げたと噂されていて、中国共産党のある組織に関係していたらしい。その後、聞いたところでは、中国人の同級生が匿って彼を逃したという話だった。

それから十数年の時が流れ、内藤がシベリアで約十一年間、監獄・収容所暮らしを強いられて帰国した後、仕事で北京に行くことになった。そこで、あらかじめ日中経済協会の人を通じてメッセージを送ったところ、中国人同窓生が夫婦で空港に迎えに来てくれた。そして北京をあちこち案内してくれ、いよいよ帰るというときに同窓生が一人で空港まで内藤を見送りに来て、別れ際にこう言った。

「頼みがある。俺も文革〔毛沢東が主導した文化大革命〕では、日本関係者ということでひどい目にあったが、倅も苦労してきた。倅は下方されて雲南省にいたが、北京に帰って清華大学三年生だ。色々考えたけれども、やっぱり日本で勉強させるのが一番いいと思う。お前に倅を預けたいんだ。〔中略〕なんとか引き受けて欲しい」

ポツリとそう言われ、内藤は半年かかって頼みを聞いてあげた。同窓生の父親はその後、亡くなったという。この時の心境について内藤は、こう説明している。

「学生時代、三年生で追われるように姿を消した同窓生だが、クラスメートに対する彼の信頼はちっとも狂っていないんです。〔中略〕ここに僕は、かつて一日本人と一中国人とが全く対等に付き合った空間があって、そこにできた信頼関係は揺るがなかった。これこそ、五族協和そのもの、国を超えた『協和』そのものじゃないかと」

二三期の笠間藤三郎は終戦後、ソ連の軍事裁判で刑期二十年を宣告され十一年間、シベリアの監獄や収容所を転々とした。抑留者の大半が味わったであろう、苦労と絶望的な思いを『学院史』に綴っている。

――敗戦後まもなく、関東軍情報部本部（ハルビン特務機関本館）に集合させられ、ハルビン市の監獄に収監された。ここで同房の警察高官から、渋谷校長一家が自死したことを知らされた。一九四五年九月には、ソ連沿海州のグロデコーボ収容所に移された。三カ月後、囚人護送車に載せられ、シベリア本線を西進して約一カ月、スベルドロフスクの東北約四百キロのタウダ収容所に到着。体力検査の末、最重労働組に編入され、さらに奥地のチゲン収容所に入れられた。ここは重要政治犯の収容所で、厳しい自然条件と粗悪な食事で「入所されたが最後、生きて出所するものはほとんどいなかった」と語り継がれていた。一九四六年（昭和二一年）三月、カザフスタン共和国のウスチカメノゴルスクに移動させられた。重労働と栄養失調でまともに歩行できない状態だったが、ここでは囚人食から捕虜食に変わり、休養期間も二週間あったので蘇生した思いがした。

同年秋、病弱者と比較的体力の弱い者の組に入れられ、ウズベキスタン共和国のチュアマという田舎の保養ラーゲリに収容された。ここでは軽い農作業の上、気候も温暖で体力も相当回復した。

一九四七年五月、フェルガナ収容所に移送され、アルコール工場の建設作業に従事した。一九四八年秋、ハバロフスク捕虜収容所へ移送された。誰もが意識的に接触を避けているようだった。その後、一回の調査もなく、ハバロフスク監獄の独房に入れられた。同年冬、軍事裁判で刑期二十年（ソ連ロシア共和国刑法五八条）を宣告されたが、その後、すぐ独房から大部屋に移された。

一九四九年（昭和二四年）春、ハバロフスク監獄からタイシェットの中継収容所を経てバム鉄道沿線のラーゲリに送られた。主作業は森林の伐採で、鉄道線路の補強や住宅建設もあった。一九五〇年八月、バム地区囚人ラーゲリの日本人は再びタイシェットの中継ラーゲリに集められ、まもなくハバロフスク第六分所に移された。これから帰国まで日本人ばかりの収容所の生活が続き、大幅に日本人の自治に委ねられた。

一九五三年（昭和二八年）、長期抑留者第一次帰還者と別れ、第二一分所に移動した。主作業は住宅建設だった。そして一九五六年（昭和三一年）十二月二三日、ナホトカ港で興安丸に乗船、同二六日、舞鶴港に上陸、帰国した。

　笠間は一一年四カ月の抑留生活を振り返り、「さながら荒海に浮かぶ小舟のような、文字通り、あなた任せの生活だった。ここまで私たちを支えてきてくれたものは、生きてさえいれば、いつの日か祖国に帰れるという一縷の望みであったと思う」と書いている。

第4章　戦争は終わったけれど…

戦後を生き抜いた卒業生

ハルビン学院は一九四五年（昭和二〇年）八月、終戦とともに閉校となったが、無事帰国した卒業生たちは、助け合いながら戦後の復興に立ち上がった。一九五六年の日ソ共同宣言で国交が回復してから、ロシア語の需要が急増し、卒業生たちの活躍の場が広がった。

二四期の二宮正昭はハルビン学院で召集令状が届いた直後に終戦となり、戦争に行くのをまぬがれた。戦後、大手商社の三井物産に入り、モスクワ事務所長などを務めて対ソ貿易に貢献した。二〇一八年四月二八日、九一歳で亡くなった。以下は、生前に行われたインタビューの抜粋である。

——私が生まれたのは一九二七年（昭和二年）二月二日、満州・撫順（ぶじゅん）の老虎台（ろうこだい）でだった。父が満鉄勤務で、撫順は満鉄の鉄工所があったところなので、学校などの施設は整っていた。小学三年の終わりころ、父が撫順炭鉱勤務からハルビンの鉄道局に転勤したため、家族全員でハルビンに引っ越した。宿舎は立派なレンガ造りで、ペチカが入っていた。

ハルビン中学に入学後、新築の中学校ができ、そちらに移ってグライダー部に入った。中学二年ごろ、グライダーの大会があり、私と二歳年上の二人が参加した。大人を押しのけて中学生三人が入賞したので、珍しがられて新聞にも掲載された。

中四の時、ハルビン学院の入試を受けた。私は京都の第三高等学校に行く予定だったが、先生から「肝試しで受けてみろ」と言われ、受けたら合格した。四年生での合格は珍しかったので、当初は嫌だったが、直前になってハルビン学院に入学することにした。当時はロシア語ができると〈殿様扱い〉だった。ハルビンには白系ロシア人がたくさんいたので、ロシア語の需要は多かった。

ハルビン学院に入学したのは一九四三年（昭和一八年）四月。中学四年で入学したので一般の学生より二歳も若かった。浪人生と比べると、少なくとも二、三歳年下だったので、頭が上がらない状態だった。

私が入学した年から、徴兵延期は理工系だけに適用されることになった。そこで大半が徴兵検査を受け、入隊した。二年生の八月ごろに私も徴兵検査を受けた。次々に学徒動員で入隊し、三年生の終わりから同級生はいなくなった。私は先生でも学生でもないという形で、南寮にいた。

一九四五年（昭和二〇年）八月十四日に召集令状がきたので夕方、軍用列車に乗った。するると、終戦のニュースが流れてきた。新京に着いて二六〇〇部隊に入った。車を修理しろという命令だったが、みんなでハルビンに帰ろうということになった。新京の駅に行って列車を用意し、機関士を探した。兵隊を乗せて、夜通し走ってハルビンに着いた。そこで解散したが、ハルビン学院出身者でまとまって南寮へ行き、共同生活を始めた。満人の学生がいて、調理人が食事を作ってくれた。

ある日、満人が「日本人は立ち去れ」と言いだした。仕方なく、日本人五、六人で「危険だから南寮を出よう」ということになった。ハルビンに知り合いの日本人がいるので、そこへ行こうと決めて寮を出たところ、満人が通りに溢れていた。私に同行すると言って最後まで付いて来たのは一年生一人だけだった。それからわれわれの籠城生活が始まった。通りにはソ連兵や満人がたむろしていて、突然玄関に入って来ることもあった。一カ月もたつと、世の中も落ち着いて来た。中国人はこういう事態になれているが、日本人はいつも右往左往していた。

終戦から約一カ月後、奉天から撫順へ行った。満鉄の人事部長が来て「ロシア語がわかる人がいないので、ぜひ残ってくれ」と頼まれた。知人のうちに間借りして残った。ソ連兵も中国人も、撫順炭鉱と鞍山（あんざん）の鉄工所には手出ししなかった。我々も撫順炭鉱で、用があるまでたむろしていた。警備司令部に行かされ、夕方のソ連軍の巡らに付き合い、不届きな連中を連行して防空壕に閉じ込めた。そういう生活が半年以上続いた。一九四六年五月ごろ、ソ連軍の部隊が一斉に姿を消した。中共軍が蒋介石軍の攻撃に耐えきれず撤退して、ソ連軍もいなくなった。いったんハルビンに帰ったら、日本人会事務所で働いてくれと頼まれ、日本人会の名簿を作ったりしていた。

その頃、日本に帰る気はなかった。満州生まれで、日本に行ったことがなかったので不安だったからだ。だが、父親たちが日本へ帰国したと聞き、私も帰ろうと思った。そして、帰国準備のため部隊を編成した。その際、中国に貢献した人は持ち帰り金五千円、それ以外は千円だけ認められた。我々は最後の部隊に付いて帰ることになった。無蓋貨車に乗って荷物も一回分に限定された。葫蘆島(ころとう)に着いて、その日のうちに船に乗った。博多港に到着、列車に乗って父親のいる宮崎に帰った。

日本に帰国したので外務省へ報告に行ったら、「帰朝証明書を出せ」と言われた。外務省の先輩に聞いたら、出さなくてもいいというので、何か働こうと思い、労働省の出先機関に一年間勤めてやめた。父親と何回かけんかし、「出ていけ」と言われたので、ツテなしで東京に出て来た。

先輩の家に居候して仕事を探していたら、船舶運営会というのが見つかった。引き揚げ船の通訳の仕事だというので入った。出張手当が出て、ソ連からの引き揚げ船が着く京都府の舞鶴港へ行ったら「今月の給料だ」と言われ、前払いで六千円もらった。待遇が良く、食事は一銭もかからなかった。舞鶴には引き揚げ船が十三隻もあり、通訳の仕事を一年間やったが、仕事がない場合でも給料はくれた。次は小樽へ行ってくれと言われた。ソ連へ行く船、帰る船は必ず小樽に着船するからだという。そこで働いていると、ソ連との貿易がわかってきた。

三十歳までは、タクシー運転手や護岸工事の人夫などを経験した。三十歳になって上京し、日ソ東欧貿易会に入った。その時、専務理事という職を作った。そこで二、三年働いていたら、三井物産の子会社の東邦貿易から来てくれと言われたが、断った。一年後、木下興商に入ったが、それが三井物産と合併したので結局、同じ会社に入った。

結果的には物産でよかった。小さい会社では好きにやれたが、大きなことはできなかった。ところが、物産だと百億、二百億の商売ができた。不二サッシのプラントを販売したときは、社長がソ連まで付いてきたが、価格交渉の時に表情が顔に出るので、もう来ないでくれと頼んだ。

私がモスクワ事務所長の時は、ソ連との契約をたくさん取った。何千万ドルものプラントをいくつもやった。折りたたみ傘やテーブルクロスまで販売した。アンモニアのプラントはたくさん売った。

ロシア人とは相性が合ったと思う。女性も含めて嫌われたことはない。僕自身も、ロシア人は人が良いから好きだ。ロシア人はアメリカ人に似ていると思う。付き合いやすく、憎めない民族だからだ。

二五期の中村誠一は、長崎県佐世保市在住。終戦から一年後に無事帰国した。戦後は職を転々としたが、最後は自分の会社を設立した。毎年、東京・八王子の高尾霊園で行われるハルビン学院記念碑祭に出席している。以下は、中村のインタビューの抜粋である。

——私は長崎県で生まれたが、両親が早く亡くなったため、小学三年の時から、満州へ渡った姉の手で育てられた。小学五年の時、日中戦争が起きたので私はいったん内地に戻り、長崎市に帰った。そして長崎の中学校へ入学した。

その後、姉から「ハルビン学院が生徒を募集している」との手紙を受け取り、長崎県内で受験した。学院では全国から生徒を集めようと各都道府県から一、二人選抜して入学させていて、長崎県の前年の競争率は十一倍だったと聞いた。私は無事試験に合格して一九四四年（昭和一九年）四月、ハルビン学院に入学した。定員は一学年百人だったが、二浪や三浪の学生は次々に学徒動員で軍隊に入隊し、一年経つと学生は八〇人くらいに減っていた。

ハルビン学院での勉強は厳しかった。午前中は毎日四時限、ロシア語の授業があり、午後は民法などの一般科目を勉強した。午前八時から午後四時まで学校で勉強し、全員で行進して寮に帰った。当時、一年生は学校から遠い北寮に住んでいて、二年生以上は学校に近い南寮に分かれていた。

一九四五年（昭和二〇年）八月、ソ連軍が攻め込んできた。渋谷三郎校長一家が自決したため、寮生みんなで校庭に穴を掘って埋めたことを覚えている。

終戦になっても、帰るところのない学生たちは学院の寮に残り、自分たちで食べるものを買ってきて食べていた。私は寮を根城にして日本人の家庭に行き、手伝いをして生活していた。最後まで残っていた学生は二十人くらいだった。

ソ連軍がきてからは、ロシア人に使役をやらされたり、通訳をやらされたりした。仲良くなったソ連兵が手紙を書けないというので、代わりにロシア語でラブレターを書いてやり、お礼にパンをもらったこともあった。

一九四六年（昭和二一年）八月から日本への引き揚げが始まったが、私は一カ月間足止めされ、船への食料積込作業を毎日やらされた。同年十二月、引き揚げ船に乗り、福岡に上陸、故郷の長崎に帰った。船の上から内地が見えた時はホッとして涙がこぼれた。姉たち家族は先に帰国していた。

引き揚げ直後は肉体労働をしながら暮らしていた。世の中が落ち着いてきたら、東京の大学などへ転入する同級生がいたが、私は中学校の先生を十カ月やって辞め、その後は仕事を転々とした。戦後は食べて行くのが大変だったが、そのうちに製鉄関係の会社に入り、早めに結婚、子供が三人できた。定年まで働いて、自分で会社を設立した。

ハルビン学院は、人間形成に良い影響を与えてくれた。寮生活は素晴らしかった。先輩は良かったし、仲間にも立派な人がいた。同級生の仲間に、中国から来た趙維訓君がいた。その子供が戦後、九州に来て「日本で仕事をしたい」と尋ねて来た。今や北九州で餃子屋を開店し、繁盛していると聞いている。

戦後、無事帰国できた卒業生は、いったん郷里に帰り、そこで仕事を探したり、途中卒業の場合は大学に転入したりして、それぞれの道に進んだ。

だが、卒業生の中には、進駐してきた米軍関係者らから「ソ連のスパイではないか」と疑われ、せっかく就職できたものの、後で断られた人も少なくない。当時は米ソ冷戦の時代で、ソ連で逮捕・抑留されたために疑われ、貧乏クジを引いた卒業生もかなりいたとみられる。他の学校では、あり得ないケースである。

杉原千畝とハルビン学院生との交流

第二次大戦中、リトアニア駐在副領事として多数のユダヤ人難民に対し、日本通過のビザを発給して数千人の命を救った杉原千畝は、ハルビン学院の「聴講生」としてロシア語を学び、その後、同学院でロシア語の講師をしていた。このため、学院生らと交流があり、「命のビザ」発給を受け継ぎ、難民の亡命を手助けしていた学院卒業生の外務省職員がいたことがこのほど、明らかになった。外務省の資料やハルビン学院同窓会誌などから、交流の実態を探った。

杉原は岐阜県加茂郡の出身。上京して早稲田大学高等師範部（現・教育学部）英語科に入学した。二年の時、外務省官費留学生の募集広告を見て、「アルバイトをしなくても学問ができる」と思い、試験を受けた。見事合格し、外務省に入った。英語で受験した杉原は当初、スペイン語の講習を希望したが、希望者が多かったため、試験担当官の勧めでロシア語講習生になった。

山内四郎・在ハルビン日本総領事が一九二三年（大正一二年）九月十日、外相宛に送った「留学生成績報告の件」によると、杉原は一九一九年度（大正八年度）ロシア語留学生として外務省から三年間の予定でハルビンに派遣された。ロシア人の家庭に寄宿し、ロシア人教師からロシア語を学んでいた。一九二〇年十二月、志願兵として一年間軍隊に入隊したため一年間休学し、一九二二年九月からハルビン学院で聴講生として学んだ。

ハルビン学院では、中等学校卒業者を入学させる本科のほか、軍、特殊機関、満鉄などからロシア語研修生を受け入れており、当時は聴講生と呼ばれていた。杉原もその一人で、研修期間が終了すると、外務書記生の試験を受けた。一九二四年二月、外務書記生に採用され、最初は在満州里総領事館で半年勤務した。その後、同年十二月から在ハルビン総領事館に異動した。

杉原がハルビンで外務書記生試験を受験した時、ハルビン学院二期生の根井三郎も同じ書記生試験を受けていた。一九二三年三月六日、在ハルビン総領事から外相宛に送られた報告書で分かった。根井は一九二一年四月にハルビン学院に入学し、学院だけでなく、ロシア人の個人教授からもロシア語を学んでいた。外務書記生のロシア語試験は一九二三年二一－三月に総領事館で行われ、杉原と一緒に根井も受験していた。杉原と根井はハルビン学院では先輩、後輩の関係にあり、交流もあったとみられる。根井は宮崎市佐土原町（旧広瀬村）出身。五人きょうだいの三男で、のちに根井家に養子に入ったという。

杉原はその後、ハルビン学院でロシア語講師をしていたことが、外務省の教員名簿（一九二九年十二月作成）で明らかになっている。名簿の職業欄には「外務書記生」と書かれていた。

杉原は一九三二年六月、満州国外交部事務官に任命され、一九三九年七月からリトアニアの在カウナス日本国総領事館副領事（領事代理）になった。一九四〇年七月十八日、ユダヤ人難民が総領事館前に多数集まり、ソ連、日本を経由して、さらに以遠の国へ移住するため、日本通過ビザを発給するよう要求した。だが、彼らは日本の通過ビザ発給に必要な条件を満たしておらず、外務省の規定を守ると、通過ビザの発給はできない。杉原は迷った末、ユダヤ人難民たちに救いの手を差し伸べる決断を下した。そして七月二九日からビザ発給を開始し、八月二日、外務省から総領事館退去命令を受けてからも、不眠不休で計二千枚以上のビザを発給し続けたとされる。

一方、根井三郎は一九四〇年八月から在ウラジオストク日本総領事館に勤務していた。そして、杉原が発給した日本通過ビザを所持してシベリア鉄道に乗ってきたユダヤ人難民をウラジオで引き継ぎ、日本に向かうことを認める検印を押していた。その書類が最近、イスラエル国立資料館で見つかり、「命のバトンを裏付ける資料」として注目されている。

当時、外務省は軍事同盟を結んでいたドイツに配慮し、杉原が発給したビザを再検閲するよう根井に命じたが、根井は「国際的信用から考えて再検閲するのは良くない」として異を唱えた。そして、ビザを持つユダヤ人難民らをウラジオから福井県の敦賀港行きの船に乗せ、ビザを持たないものには独断でビザや渡航証明書を発給したとされる。だが、当時、杉原と根井の間で、ビザ発給についてのやりとりがあったのかどうかは確認されていない。

根井は戦後、法務省に移り、名古屋入国管理事務所（現・管理局）の所長を最後に退官した。九十歳で亡くなったが、ユダヤ人難民を助けた理由は語らぬままだったという。だが、二〇一六年三月、杉原千畝記念財団の古江孝治理事の調査により、宮崎市の親族宅で根井の写真が見つかり、同市で「根井三郎を顕彰する会」が設立された。古江理事は「ユダヤ人難民救済は杉原だけの力でなし得たものではなく、根井ら影で支えた人も評価すべきだ」と語っている。

終戦後、杉原は家族共々、ルーマニアのブカレストでソ連軍に身柄を拘束され、一九四七年、シベリア鉄道経由で帰国した。その後、杉原は外務省の方針に反してユダヤ人難民多数に日本通過のビザを発給した、などとして退職させられた。

杉原は一九八五年一月十八日、イスラエル政府より、「諸国民の中の正義の人賞」を受賞した。その翌年の七月三一日、神奈川県藤沢市の自宅で永眠した。享年八六だった。

外務省は一九九一年十月三日、杉原幸子夫人らを同省飯倉公館に招き、鈴木宗男・外務政務次官（当時）が「ご主人の功績と名誉をたたえ、奥さんのご労苦に敬意を表します」と述べた。外務省として初めて杉原の人道的な業績を認めたもので、四四年振りの〈復権〉となった。ただ、政府による公式の名誉回復は二〇〇〇年（平成一二年）十月十日、当時の河野洋平外相の顕彰演説によって行われた。千畝の没後十四年目、生誕百年という節目だったが、イスラエル政府の表彰から十五年も後だった。

第5章　ハルビン学院が残したもの

ハルビン学院が存続した二五年間に卒業した生徒は、終戦直前に繰り上げ卒業になった生徒も含めて一五一四人。数は決して多くはないが、学院で学んだロシア語を活かして社会で活躍した人がほとんどだ。活動の範囲は、政治、経済、アカデミズム、メディア、通訳・翻訳など多岐にわたる。彼らの活動は敗戦という最悪の結末で一時中断されたが戦後、国際社会のグローバル化が進む中で大きな功績を残した卒業生が少なくない。そこで、卒業生の活動や同窓会の足跡を振り返りながら、ハルビン学院の残した遺産とは何かを探ってみた。

日ソ経済の橋渡し役

二五期の神代喜雄（くましろ）の父、喜代次は戦前、長崎から満州に渡り、約二百万坪の土地を所有していた大地主だった。その関係で神代は奉天で育ち、中国語はペラペラ。さらにハルビン学院でロシア語を学び、二カ国語ができた。終戦後、満州でソ連軍の捕虜になったが、抑留された二年間、収容所で日ソ間のマネジャー役を務めて帰国。大学卒業後、通信社記者として八年間勤務した後、日ソ東欧貿易会に入り、初代ソ連課長、事務局長を計一二年務めた。学院卒業生はもちろん、ソ連・ロシアの人脈も広く、国交回復前後の日ソ経済の橋渡し役として活躍した。

神代の最初の人脈は、奉天時代に住んでいた住宅地の隣人や、千代田小学校の先輩・後輩だった。同小の前身は、満鉄が作った満州教育専門学校の付属小学校で、エリート教育、特殊教育を実践したユニークな学校として知られている。神代は、当時をこう振り返る。

「私の近所には様々な在留邦人が住んでいた。ウチの隣には千代田小の先輩、衛藤瀋吉さん（元亜細亜大学学長）、反対側の隣家には、のちに伊藤忠商事社長になる越後正一さんがいた。庭越しに瀋吉さんの部屋が見え、朝三時には明かりがついて勉強を始めていたのを覚えている」

神代の母は妊娠すると、実家の長崎に帰って息子を産んだ。その後、子どもを連れて満州に戻り、神代は奉天で育てられた。その関係で子どもの頃から在留邦人とのつきあいが多かったという。こうした人脈が戦後、神代が日ソ東欧貿易会に入ってから役立った。

一九三七年（昭和一二年）、日中戦争が始まったころ、父は中学生の神代をハルビンに連れて行った。その時は長野県からの開拓団の人たちと一緒に観光バスに乗って出かけた。「息子をロシアに接近させるため、父がハルビン学院へ入学する引き水になってくれた」と、神代は語る。

「なぜハルビン学院に入ったのですか」との質問に、彼はこう答えた。

「ロシアはすでに仮想敵国だったが、私は満州で生きていく腹を決めた。自分の運命を自ら切り開いていこうと思ったからです」

二五期の学生は、日本人以外にモンゴル、朝鮮、中国の人たち七、八人を含め一〇四人だった。日本人は満州在住者のほか、日本全国から集まってきていた。神代は二年生の一九四〇年に二十歳となり、身体検査を受けて吉林で入隊した。初年兵で軽機関銃の射手を命じられたが、中国語とロシア語を話せることが軍幹部に知られ、「関東軍の司令部にぜひ来てくれ」と言われた。司令部に行くと、あろうことか、三階級上の陸軍大尉に特進、年齢を三歳加算する措置が講じられた。「陛下の命令」ということで、本人は従うしかなかったという。

それから二週間で終戦。ソ連軍が進攻してきて捕虜になり、モスクワの南にあるマルシャンスク収容所へ入れられた。軍人の名簿がそのまま ずっと援用されたため一九四八年（昭和二三年）、舞鶴に帰って復員し結婚、長女が生まれて戸籍を修正するまで〈経歴詐称〉が続いた。「その時まで妻は私を年上だと思っていた」と笑う。

収容所では、神代は満州出身ということで日本軍人からかわいがられ、誰も階級の秘密を暴露する人はいなかった。当時、収容所の食料調達係を担当していて、同胞の食欲を満たすことに一生懸命だった。まず味噌がなくなったので、「日本人は味噌汁を飲まないと身体が参ってしまう」とソ連側に猛アピール。その後、味噌の原料をもらいすぎ、味噌を大量に作ったため倉庫が溢れんばかりになった。ソ連軍幹部が調べにきたので正直に話し、それで密造酒を作って収容所の監督に飲ませたら、お礼にウオッカを持ってきてくれた。

収容所には日本人だけでなく、ドイツ人、ポーランド人もいたが、日本人とは行動様式が違っていた。日本人は強制労働を終えて帰ってくると、タバコを吸ったり、トランプや麻雀に興じていたが、彼らはみんなで歌を歌ったり、ベッドに妻の写真を飾ったりしていた。「日本人はその場その場で刹那的な生活を送っていたが、ヨーロッパ人は生きることに堅実だと感心した」と振り返った。

ある晩、ソ連の女性憲兵中尉が一人で収容所にやってきて、神代に話しかけた。なぜか、おめかしして、拳銃を持っていた。その中尉は「私はウラジオストクの極東国立大学で日本語を学んだ。日本との戦争は終わった。これからは仲良くしていかないといけない。日本の将校たちは今後、少なくとも二年はモスクワ周辺の収容所に入れられるので、辛抱してください」と話してくれた。本当かどうかわからなかったので、様子を見ながら一週間後に上官に伝えたところ、「なぜもっと早く言わなかったのか」と叱られたという。

一九四八年（昭和二三年）に収容所から釈放され、長崎に戻った。その翌年、上京して早稲田高等学院（三年）に入った。その後、早稲田大学政経学部を卒業、同盟通信（現共同通信）に入社した。農林省担当記者になり、収容所で知り合った先輩と一緒に働いた。ある時、東京・音羽の鳩山御殿で、ソ連からの招待客の通訳をしていた先輩から「神代君、出番だよ。もう記者はいいよ。自分で動く時がきたのだ」と背中を押された。その一言で通信記者を辞め、日ソ東欧貿易会に入った。

折しも、日ソ間の国交回復交渉が動き出した時で、一九五六年十月には鳩山一郎首相、河野一郎農相ら日本政府代表団が訪ソし、国交回復を取り決めた共同宣言（五六年宣言）に調印した。その後も経団連の訪ソ経済使節団が一九六一年にソ連を訪問するなど、両国の政治家や経営者の代表団が行き来し、政治・経済交流が進んだ。貿易会のソ連課長だった神代は、ソ連から来る代表団の世話や、来客の日本企業への振り分けなどを担当した。また、外務省ソ連課長と連日のように会い、情報交換を行った。その後も日ソ間で通商条約、貿易支払い協定などの締結が相次ぎ、ソ連課長の業務は多忙を極めた。

神代は仕事の傍ら、ハルビン学院の卒業生や捕虜収容所で知り合った仲間の就職斡旋を積極的に進め、商社やメーカーとの仲を取り持った。終戦後、日本は連合国に長期間占領されていたこともあって、せっかく学んだロシア語が使えず、働き場がない卒業生が少なくなかった。この時、役に立ったのが満州人脈で、神代は収容所時代にマネジャー役で鍛えた交渉術も駆使して仲間の職探しに貢献した。

神代は当時の貿易会での仕事について、次のように語る。

「ソ連の交渉相手が官僚なので、日ソ双方の官僚が仕事しやすいような商談やイベントを企画した。また、財界のトップで構成する代表団をセットしてソ連訪問を実施し、シベリア開発などに協力するよう誘導した。日ソ東欧貿易会の北村徳太郎会長（衆議院議員）と個人的にウマが合い、仕事がスムーズにできた。北村会長はイデオロギーに関与せず、商売のため相手にすり寄ることもなかったので、日ソ交流はうまくいったと思う」

その後、神代は西武百貨店に移り、営業企画部長、外国部長などを務めた。一九八七年、西武を定年退職し、悠々自適の生活をしようと思っていたら、「ベルリンの壁」の撤去をきっかけに東西冷戦が解消され、仕事が舞い込んで来た。ソ連アエロフロート航空合弁会社の副社長に招かれ、モスクワで三年働いた。その後も、全国さけます流し網漁業組合連合会（全鮭連）事務局、モスクワ大学経営学研究所客員教授など、日ソ・日ロ関係の仕事を続けた。

現在は引退して、千葉県市川市で静かな老後を送っている。神代のお宅に伺い、ハルビン学院への思いなどを聞いた。

「学院は全寮制で、全国から集まった優秀な人材が同じ釜の飯を食べて切磋琢磨した。

生徒にはモンゴル人や中国人もいて、民族を超えて付き合うことができた。さらに、言いたいことが言える自由な雰囲気だったので、日本人という枠を超えて思索することが出来た」

戦後、日ソ経済関係で百数十名の卒業生がロシア語を武器に活躍し、最盛期には総合商社、専門商社のモスクワ支店長のほとんどを同窓生で独占していた。二一期の伊藤清久が『学院史』の中で「戦後の日ソ経済関係で活躍した同窓」というタイトルで、七ページ余にわたり彼らの奮闘ぶりを詳述している。

記者活動の原点

日本の敗戦から五日後の一九四五年（昭和二〇年）八月十九日、二五期の谷畑良三は吉林市の満鉄駅長室にいた。この地に駐屯していた関東軍独立旅団と、戦車を先頭に進駐して来たソ連極東軍部隊との停戦・降伏のための会談に急きょ、日本軍側通訳として立ち会わされたのだ。

正面にはキンキラキンの肩章をつけたソ連軍の将官が高級将校七、八人を従え、周囲は自動小銃を手にしたソ連兵で固められていた。日本の無条件降伏はすでに決定済みだったが、武装解除と資材接収の手続き中に何が起こるか、分からなかった。

谷畑は通訳とはいっても、三カ月前にハルビン学院でロシア語勉強中に学徒動員され、この地の部隊に入隊したばかりの二等兵だ。突然、ロシア語通訳が必要だと言われて旅団司令部に呼び出され、陸軍少尉の軍装をさせられて引っ張り出されたのだ。一通りの儀式が終わり、日本軍将校たちと一緒に退去しようとしたところ、ソ連軍高級将校から「通訳だけは駅長室入り口で待っておれ」という声がかかった。

「なにごとだろうか?」。敵中に一人残された不安がこみ上げて来た。「まかり間違えば、ズドンとやられるかもしれない」。そこへ、先ほどの高級将校が同僚二人を連れて現れた。「どこへ?」と聞いても厳しい表情のまま、駅構内の外に停めてあったジープに座らされた。スパイと断定されて、どっかへ連行されるのか。それにしては高級将校が連行するなんて、あるのだろうか。あれこれ考えを巡らしているうちに、ジープは繁華街に入って来た。すると、隣の将校が急にリラックスした口調で話しかけて来た。「バーニャへ行こう。

案内してくれ」。一瞬、戸惑った。バーニャ（日本語で銭湯の意味）と聞こえたが、そんな悠長な提案をするわけがないと思った。「どこへ？」と聞き直すと、将校は衣服を脱いで身体を洗う仕草をした。「なーんだ、そんなことだったのか」。ホッとする半面、深刻に悩んだことがバカバカしくなった。

繁華街を走り回ってようやく銭湯を見つけ、そこへロシア人将校たちを送り込んだ。その後、退散しようとしたところ、「急いで帰ることはない。お前も長い間、風呂に入っていないだろう」と引き止められた。仕方なく、軍服を脱いで裸の付き合いになった。入浴が終わると、今度は「今日は祝日だ。盛大に祝おうではないか」と誘われ、近くの中国料理店で飲めや歌えのロシア式宴会になった。彼らは旧敵軍〈将校〉に対して、まるで親戚の甥とでも飲んでいるかのように、あけっぴろげに宴を楽しんでいた。

この話には、続編がある。谷畑はその日の夕方、ソ連軍将校のジープで兵舎まで送ってもらい、酩酊状態で眠りについたが、夜中にソ連兵がジープ数台で食料品や衣料を強奪に来たのだ。下士官クラスの荒々しい連中で、ピストルを夜空に向かって打ちまくる兵士もいた。日本軍がおとなしく武装解除に応じたと知り、正式接収の前に荒稼ぎに来たようだ。

谷畑は、倉庫を守ろうとする日本軍兵士に、「カギを渡して退去した方が賢明だ」と忠告した。すると、ソ連兵は歓声をあげて倉庫に入り込み、根こそぎジープに積んで引き上げたという。

この体験談は、谷畑自身が単行本『ロシア人とソビエト人——その二つの顔』（河出書房新社、一九七九年刊）のなかで書いている。彼は以上の話を「私の対ソ交流第一日の体験」と記し、これらは「単なるハプニング」ではなく、「極限状況の中での出来事だけに、彼らロシア人の行動様式が直截に表現されたとみるべき」と書いている。つまり、その日のいずれの行動も全て同じロシア人であり、「ロシア人とは、端倪（たんげい）すべからざる行動に出るものだなとの第一印象は、その後三十余年、ソビエト国家の動向を観察し、予測し、報道するにあたって私の基本的心構えになっている」と書いている。その上で谷畑は、世界を震撼させたロシア革命を成功に導いた原動力は、当時「過激派」と呼ばれた革命家たちとロシア民衆の「ケタ外れ」の行動にあったし、日本との関係でも北方領土返還要求などで日本人の神経を、ことさらに逆撫でするような図太い対応を見せつけた、と分析している。

こうした場合、日本の外交当局とマスコミはショックで飛び上がったり、怒りの声をあげたりして、クレムリンの真意を探ろうとキリキリ舞いを繰り返しているが、結果として無駄な努力、エネルギーの浪費に終わると指摘する。そのため、一切の先入観、偏見、コンプレックスを排して、自らアクションを起こし、端倪すべからざる隣国と取り組むべきだと強調している。

谷畑は一九二六年（大正一五年）、千葉県で生まれた。一九四四年（昭和一九年）四月、ハルビン学院に入学したが、約一年半後の一九四五年八月、学徒動員で現地部隊に入隊した。入学から学徒動員に至る時期の二五期生の心情について『学院史』に、「生き様決めた学院の感化力――在学一年余で生死関頭に立つ」のタイトルで書いている。

――もちろん、ハルビン学院を選ぶにあたっては熱烈な使命感がバネになった。「大陸雄飛」の志であり、ロシア語を学ぶ以上、「ウラル・アルタイを乗り越えて」の気概に満ちていた。敗色濃い（ただし、当人たちはそれほど痛切に感じていたわけでもないが）戦局の中で、昭和一九年四月、ハルビンに集まった同期百余人（日系）全員が共有していた情熱というものだろう。（中略）

二五期が共に暮らし、学んだのは二〇年五月までだった。それまでに（内地帰省者の他）

海軍予備生徒三人、特別甲種幹部候補生一人が内地の軍学校に入学して去っていたが、五月中旬の現役兵徴兵で大正一五年生まれの三二人が在満各地の部隊に入隊した。これは関東軍「最後の現役二等兵」となった。（中略）

敗戦直後を概観すれば、まず第一に、「最後の二等兵」三二人のうち生き残った二四人はシベリア（一部はロシア欧州部）での捕虜生活を体験させられた。この数は二四期三一人に次ぐ多さで、全員が物怖じもせず、学院で学んだロシア語の「成果」をシベリアの地で発揮した。不幸にも小磯良平だけが病死した。（中略）

同期入隊のほとんどがシベリアに連行されたのに、運良く満州に残り、一般人として早目に帰国したものが四人いて、そのうちの一人が小生（谷畑）だった。捕虜となり、少尉の制服・肩章をつけて吉林駅で武装解除の交渉（正確には命令伝達）に臨み、敦化までの（シベリア行き）隊列に加わるまで神代善雄（大尉の肩章）、吉山和隆（将校の服着用）――三人とも学院北寮、独立機動旅団――と一緒だった。吉林から一夜歩いて大休止を取った寒村で、小生だけが旅団長に呼ばれ、「吉林に逆行して陸軍官舎にいる留守家族の状況を見て来い」と命じられ、金三十万円を渡された。本物の将校と二人で満人服をまとい、短刀を腹に差し込み、コーリャン畑をくぐり抜けるようにして吉林に帰った。

陸軍官舎はすでに接収されていて、街は騒乱状態だった。将校の家族を訪ね歩いて金を配り終わった後、「朝鮮人だ」と言って列車に便乗して敦化に行ったが、原隊の所在は全く不明。敦化駅構内に潜んでいるところに、吉林行きの難民列車が出るというので、それに乗って再び吉林に逆行した次第である。吉林では同じ機動旅団にいたシベリア離脱組の一人、永田清治と街でばったりあった。彼とは帰国までの一年余の間、行動をともにし、時には「反ソ・テロリスト」の誤解を受け、銃殺宣告の後、十日間ほど、ブタ箱にブチ込まれるなど、今生きているのが不思議なほどの体験を共有した。

谷畑は終戦の年に帰国し翌年、東京外事専門学校（現・東京外国語大学）ロシヤ語科に編入し一九四八年に卒業。同年、毎日新聞社へ入社、記者になった。その頃、満州から同期の神代喜雄が復員してきて、東京都内の谷畑の下宿先に転がり込んだ。谷畑は最初、社会部に配属され、下山事件、三鷹事件などの取材に携わった後、外信部に移った。一九五五年、国交正常化前のソ連に「移動特派員」として入国したのを皮切りに、二度に渡って通算七年間、モスクワ支局長を務めた。

先に紹介した谷畑の著書『ロシア人とソビエト人』は、三回のモスクワ駐在の総決算というべきもので、この本の中で繰り返し著者が書いているのは、ソ連のレーゾンデートルともいうべき計画経済が暗礁に乗り上げていて、イデオロギー路線そのものの転換が不可欠と指摘している。そのためには、強力な指導者による〈上からの革命〉しかないと強調している。この指導者こそ、改革派のゴルバチョフ氏（後にソ連大統領に就任）であり、逆にいうと著者はゴルバチョフ氏の出現を予言していたともいえる。慧眼のすごさに今更ながら驚かされる。これも十代からハルビン学院などを通して、ロシア人を観察してきた成果と言えるのかもしれない。

その一方、著者はこの本のあとがきで、「建て前とホンネがこれほど隔絶した国も珍しい。しかし、長く住んでいると、感化力のあるロシアの大地がこの二つを渾然一体化して、見事に調和させているのに気づく」と書き、いかに実像を掴むのが難しい国であるかを強調している。筆者もソ連崩壊から新生ロシアに転換する一九九〇年代の激動期に、後輩の特派員として約六年間、モスクワに駐在したが、この国の行方に関する見通しを何度見誤ったかしれない。慧眼を備えた著者でもそうなのだから、未熟な私などは見誤るのも当然と言わざるを得ない。

谷畑はその後、東京社会部長、地方部長、編集局次長をへて一九七五年、毎日新聞社を退社した。それからは、ロシア通のジャーナリストとして『ソ連共産党政治局――〝一党独裁〟の権力構造を衝く』（学研）、『ソビエト外交の発想』（三修社）など、多くの著書を残した。二〇〇二年に死去、享年七三だった。

ロシア専門家養成の「最高学府」

一九七八年に発行されたソ連科学アカデミー東洋学研究所編の単行本『ソ連邦と日本――日ソ国交樹立五〇年（一九二五―一九七五）』の中に、「日本におけるソ連研究」（M・I・クルビヤンコ著）という論文がある。この文中に、ハルビン学院に言及した部分があるので、その部分の概略をご紹介したい。なお、この本は戦後、ソ連共産党中央委員会国際部課長として対日政策立案の中心的役割を果したイワン・コワレンコの監修であり、党の公認文書といえる。

「一九三〇年代の日本で重視されたのは戦略的調査で、ソ連の調査を行わないような国家的調査機関は一つもなかった。その中でも主要な機関は外務省、（陸軍）参謀本部、満鉄調査部などであった。そのためのソ連問題専門家の教育・養成の主なセンターは、日本内地では東京・大阪両外国語学校（その後、東京外国語大学、大阪外国語大学に改称）のロシア語科、外地ではハルビン学院だった。その中で、最も重要な役割を割り当てられていたのはハルビン学院である。

同学院は創立以来、ロシア・ソ連問題専門家養成の最高学府であり、その卒業生は主に陸軍省と満鉄に配属された。一九四一年、同学院は半ば軍の統制下に置かれ、学生たちは速成教育を受け、卒業後は自動的に軍関係に配属された。一九四五年の日本無条件降伏後、ハルビン学院は閉鎖され、教授たちと学生の一部は日本に帰還した。」

これを読んだ学院卒業生の中には、「ハルビン学院は創立以来、ロシア・ソ連問題専門家養成の最高学府であったというのは事実誤認」と批判する声もあった。だが、ソ連側がハルビン学院の研究レベルを高く評価していたことは明らかである。

その半面、同学院が政府機関であるからといって、卒業生が主として陸軍省と満鉄に配属されたというのは必ずしも正しくない。戦前は民間企業の雇用が少なく、結果的にこういう結果になったという見方が有力だ。

この論文の内容をロシア側はどう見ているのか、拓殖大学日本文化研究所のワシーリー・モロジャコフ教授（歴史学博士）に聞いた。モスクワ国立大学を卒業し、現在日本で日露関係の歴史を研究している。日本語の著書に『後藤新平と日露関係史』（藤原書店）などがある。

モロジャコフ教授は「ハルビン学院はロシア語とロシア事情の学校だったので、学者の学校でも、スパイの学校でもない。満鉄との関係があったから、満鉄に入社した人が多いが、やはりキャリアのための学校だと思う。ハルビン学院の設立は反ソとか、反軍とかに関係があるという人もいるが、ロシア革命の前に作られているので、反ソでも反軍でもない」と言い切った。

その一方、ハルビン学院と早稲田大学を比較して、「ハルビン学院のイメージは暗いが、早稲田大学は明るいイメージがある。ハルビン学院を卒業すると、ロシア語が上達し、役所などに入るのに有利だが、早稲田ではロシア文学を読んだとか、マルクス、レーニンの論文を読んだとかで、左翼のイメージがある」と分析した。

その上でモロジャコフ教授は「ハルビン学院はプロの学校であったし、日本では影響力があり、みんなに記憶されている。その上、ハルビン学院で教えていた先生のうち、何人かが戦後、上智大学で教えている。そういう意味で、日露関係の歴史にとって、ハルビン学院の存在は非常に大きかったと思う。今後、日露関係史をもっと多面的に研究していけば、さらに理解が深まると思う」と語った。

終戦後、ハルビン学院を卒業、あるいは学徒動員のため途中で卒業させられた人たちが、ソ連側からスパイとみなされ、シベリアなどに抑留されたことについて、モロジャコフ教授は「戦争になれば戦争の論理が働く。スパイ容疑で取り調べるのはやむを得ない面がある」と述べた。

だが、ソ連側は終始、ハルビン学院を対ソ・スパイ養成学校と見ていたフシがある。ソ連と関わりを持った人なら、ソ連の大使館員や報道関係者の多くが国家保安委員会（KGB）の要員であることを知っている。こういうお国柄だけに、自分たちがやっていることは必ず相手もやるものと決めてかかる習性がある。終戦後、ソ連当局の学院卒業生への取り調べが厳しくなったのは当然と言える。

同窓会、上智大と提携

ハルビン学院の卒業生は終戦二年後の一九四七年、奈良市で第一回総会を開き、名簿作成や雑誌「ハルビン」の創刊を決めて同窓会活動を開始した。ただ、ハルビン学院は終戦まで満州国立大学の一つだったので、当時は外務省の管轄になっていた。一九五三年、外務省の学院卒業証明書発行事務が同窓会に移管されたのを受け、同窓会事務局が設置された。一九五五年、恵雅堂出版の麻田平蔵社長（二四期＝故人）が同窓会事務局を引き継ぐことになり、東京・新宿区の同社に事務局が移った。

麻田は肺病のため学徒動員から外され、ハルビン市内の在満日本人宅に転がり込んだ。戦後すぐに日本へ引き揚げることになり、日本人家族と一緒に帰国した。その後、麻田は世話になった日本人の娘と結婚、東京都内で卒業アルバム製作会社を立ち上げた。卒業生は地方出身者が多いことから、事業が軌道に乗ってきた麻田に、同窓会事務局の業務が任されることになった。麻田本人もハルビンへの郷愁が強く、社内に出版部門をつくり、写真集「満州の回想」「ハルビンの回想」など、満州関連本を出版した。さらに、「母校の再建のため」と、仲間と新宿でロシア料理店を始めた。ソ連の女性宇宙飛行士テレシコワの「私はカモメ」（ロシア語でチャイカ）発言にちなんで「チャイカ」と命名。その後、高田馬場に移転し、人気のロシア料理店のひとつになった。

その後、同窓会は日本武道館で開かれた日本寮歌祭に出場するなど、盛んに活動したが、一方で、同窓生の高齢化が進んでいることが心配のタネになっていた。同窓会幹部は「いずれ同窓会は解散になるが、いまのままでは自分たちの母校や思い出がみんな消えてしまう恐れがある。会員みんなで募金活動をして、どこかの大学に委託して奨学金として使ってもらおう」と提案した。同窓会内で大学の候補がいくつか上がったが、その中で上智大学が最有力と見なされた。その理由として、①ロシア語学科という組織がある、②ハルビン学院で教えていた先生が二人、その後上智大学で教えている、などから「ハルビン学院と縁が深い」として双方が同意して提携が決まった。

ハルビン学院と上智大学の両方で教えていた教員の一人は、ロシア人のポドスタービナさん。ウラジオストクで生まれ、学者だった父の仕事の関係でソウルへ渡った。その後、ハルビン学院で十五年間、ロシア語会話を教えた。厳しい半面、ユーモアもある女性で、学生たちに慕われた。戦後は上智大学で長年、教鞭をとった。一九六九年に亡くなり、横浜の外人墓地に今も眠っている。

もう一人の教員は、ロシア文学者の染谷茂さん。北樺太石油で勤務後、ハルビン学院でロシア語とロシア文学を教えた。終戦後、ソ連に十一年間抑留され、帰国後、上智大学で教鞭をとった。ソ連のノーベル文学賞受賞者、ソルジェニーツィンの『イワン・デニーソヴィチの一日』など多数の翻訳がある。一九八四年に定年退職し、上智大学名誉教授となった。二〇〇二年に死去、享年八八。

募金の使途について、当時の宇多文雄・上智大学ロシア語学科長（現・同大名誉教授）が「半分は学生に奨学金として渡し、残りは研究資金としてシンポジウムや講演会に使う」という案を出し、上智大学理事会で承認された。同窓会としては、ハルビン学院で培われた、実学を重んじるロシア語教育を、上智大学で受け継いでいってもらいたいという願いが込められていた。宇多名誉教授は当時を思い出しながら、「戦前から脈々と続いているハルビン学院のロシア研究という伝統が、バトンタッチされた意義を感じる。上智大学も語学だけではなく、地域研究を含めた実学を重視しているので、教育理念がハルビン学院に非常に似ていることが両者を結びつけたと思う」と話している。

上智大学では、同窓会から寄付金約三千万円を受領し、一九九一年、「ハルビン学院顕彰基金」を設立。奨学金は毎年、学部の二、三、四年生と、大学院生の中からロシア語の成績優秀者数人に贈られている。また、年に一回、シンポジウムや講演会を開催している。

第二九回奨学金授与式は二〇一九年五月二八日、上智大学で行われ、四年生の松下野々花さんら三人に奨学金が贈られた。ロシア語学科長は安達祐子教授で、第一回の奨学生だった。同窓生代表として挨拶したハルビン学院連絡所代表の麻田恭一・恵雅堂出版社長（麻田平蔵氏の長男）は「第一回奨学生だった安達先生が、ロシア語学科長としてこの場で挨拶されるとは当時、誰も予想しなかったことですが、誠に喜ばしいことです」と述べた。

両者の提携を受けて同窓会では、会を解散して東京・八王子の高尾霊園に記念碑を建設、毎年記念碑祭を開くことにした。記念碑には戦後、卒業生がハルビンから持ち帰った建物のレンガも使われている。地下にカロートと呼ばれる墓所も設置され、卒業生の分骨や遺品が記念碑祭に収納されている。記念碑は一九九九年に完成、同年四月に卒業生ら約二百人が集まり、同窓会の幕引きを行うとともに、記念碑の完成を祝う除幕式が行われた。その後も、二〇一一年の東日本大震災時を除いて、毎年四月に記念碑祭が行われている。

二〇一九年四月十五日には二十回目の記念碑祭が挙行された。参加者全員で黙祷した後、前回の記念碑祭以降に亡くなった卒業生七人の氏名が読み上げられた。あいさつに立った二六期の奥田哲夫は「ハルビン学院は来年、創立百年を迎える。今日参加した人の中には九五歳の人もいる。ハルビン学院は満州国の崩壊とともに二五年でなくなったが、いまだにマスメディアなどに登場している。これを非常に誇りに思っている」と語っていた。

この後、霊園内の龍雲閣で行われた懇親会で、麻田ハルビン学院連絡所代表が挨拶し、「今後、記念碑祭をどう引き継いでいくかを皆さんと相談して決めたい。来年は創立百年の節目なので、必ず出席してください」と呼びかけていた。

おわりに

本書は、ハルビン学院が二〇二〇年に開校百年を迎えることから企画された。同学院は、ロシア専門家養成の専門学校として日本社会で広く知られている。だが、終戦と同時に閉校となり、すでに七十年以上経っているため、生存している卒業生はわずかとなり、十分な取材ができるかどうか不安だった。同窓会のハルビン学院連絡所が二〇一九年四月に調べたところ、生存会員はわずか六四人で、卒業生全体（一五一四人）の五パーセント以下だった。

それでも、なんとか卒業生の生の声をできるだけ多く集めようと、ハルビン学院連絡所から教えていただいた生存者の連絡先をもとに十数人に手紙を出し、インタビューに応じてもらおうとした。だが、返事が返ってきたのは十人程度で、「本人は入院中で取材には応じられません」「最近、亡くなりました」などという返事が多かった。中には、「もうすこし早く訪ねて来てくれたら……」と、家族に言われたこともあった。

著者自身、もう少し早くこの取材に取り組んでいたら、という思いはある。二〇一八年二月八日、長年同窓会のまとめ役を務め、著者と親交があった麻田平蔵さん（二四期）が九三歳で亡くなった。この時、生前にもっと詳しく話を聞いておけばよかったと悔やまれた。今回は「最後のチャンス」と肝に命じて取材したつもりである。改めて麻田さんのご冥福をお祈りしたい。

本書の出版は、著者の背中を押してくれ、本の完成を根気よく待ってくれたユーラシア研究所ユーラシア文庫編集委員会と出版社・群像社のお陰である。無理をお願いして取材に応じてくださった卒業生の皆さんとともに御礼申し上げたい。また、卒業生の連絡先や近況を教えてくれ、「学院史」や当時の写真を貸してくれたハルビン学院連絡所の麻田恭一代表と宮明正紀さんにも深く感謝したい。

著　者

飯島 一孝（いいじま かずたか）
1948年、長野県生まれ。東京外国語大学ロシヤ語学科卒。71年、毎日新聞社に入社。青森支局、東京社会部を経て90年、外信部に移る。91年からモスクワ特派員。同年８月の保守派クーデター未遂事件を契機にソ連崩壊に突き進んだ歴史的ドラマを取材した。95年10月からモスクワ支局長。97年３月に帰国し、東京本社編集局編集委員、外信部編集委員、紙面審査委員長などを務めた。2008年９月に定年退職、その後、東京外国語大学、上智大学、フェリス女学院大学などで講師、18年からフリーランス・ライター。著書に『新生ロシアの素顔』（毎日新聞社）、『六本木の赤ひげ』（集英社）、『ロシアのマスメディアと権力』（東洋書店）など。

ユーラシア文庫16
ハルビン学院の人びと　百年目の回顧
2020年4月13日　初版第1刷発行

著　者　飯島一孝

企画･編集　ユーラシア研究所

発行人　島田進矢
発行所　株式会社 群 像 社
神奈川県横浜市南区中里1-9-31 〒232-0063
電話／FAX 045-270-5889　郵便振替　00150-4-547777
ホームページ　http://gunzosha.com
Eメール info@gunzosha.com

印刷・製本　モリモト印刷

カバーデザイン　寺尾眞紀／写真提供　ハルビン学院連絡所

ISBN978-4-910100-09-8

「ユーラシア文庫」の刊行に寄せて

1989年1月、総合的なソ連研究を目的とした民間の研究所としてソビエト研究所が設立されました。当時、ソ連ではペレストロイカと呼ばれる改革が進行中で、日本でも日ソ関係の好転への期待を含め、その動向には大きな関心が寄せられました。しかし、ソ連の建て直しをめざしたペレストロイカは、その解体という結果をもたらすに至りました。

このような状況を受けて、1993年、ソビエト研究所はユーラシア研究所と改称しました。ユーラシア研究所は、主としてロシアをはじめ旧ソ連を構成していた諸国について、研究者の営みと市民とをつなぎながら、冷静でバランスのとれた認識を共有することを目的とした活動を行なっています。そのことこそが、この地域の人びととのあいだの相互理解と草の根の友好の土台をなすものと信じるからです。

このような志をもった研究所の活動の大きな柱のひとつが、2000年に刊行を開始した「ユーラシア・ブックレット」でした。政治・経済・社会・歴史から文化・芸術・スポーツなどにまで及ぶ幅広い分野にわたって、ユーラシア諸国についての信頼できる知識や情報をわかりやすく伝えることをモットーとした「ユーラシア・ブックレット」は、幸い多くの読者からの支持を受けながら、2015年に200号を迎えました。この間、新進の研究者や研究を職業とはしていない市民的書き手を発掘するという役割をもはたしてきました。

ユーラシア研究所は、ブックレットが200号に達したこの機会に、15年の歴史をひとまず閉じ、上記のような精神を受けつぎながら装いを新たにした「ユーラシア文庫」を刊行することにしました。この新シリーズが、ブックレットと同様、ユーラシア地域についての多面的で豊かな認識を日本社会に広める役割をはたすことができますよう、念じています。

ユーラシア研究所